ジョーデンメソッドによる英語教育 with ChatGPT

米原 幸大

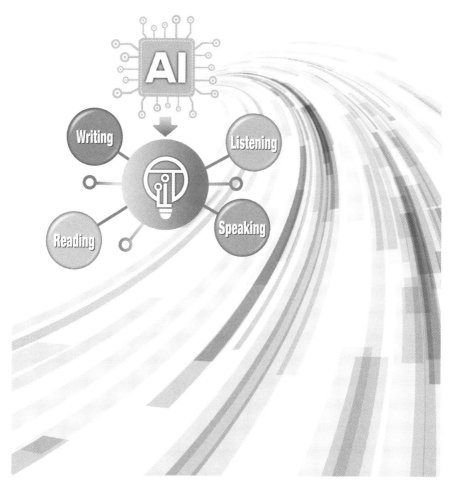

大学教育出版

はじめに

　本書の目的は、北米の日本語教育で有名なジョーデンメソッドを援用し、さらに最新技術である ChatGPT などの AI を効果的に使う形で、英語の4スキルの習得前提のカリキュラム（クラス活動など）、評価法を具体的に示すことです。ジョーデンメソッドは、日本語教育の世界では知る人ぞ知るの著名な教授法で、典型的な習得教育であり非常に大きな成果を上げています。例えば、作家の村上春樹氏は、アメリカの大学で日本文学を教えたことがありますが、学生たちには3年ほどのジョーデンメソッドでの日本語履修経験があり、「教職員も生徒もだいたいみんな流暢な日本語を喋る。僕なんかが喋る英語なんかよりもはるかに流暢」（エッセイ『やがて哀しき外国語』）で、**氏の日本文学のクラスでの議論は日本語で行われていました。**

　日本の英語教育はなかなか習得教育へと移行さえできないままです。2023 年に中学3年生を対象に全国学力テストで英語のスピーキング力調査が4年ぶりに行われ、平均点がなんとわずか 12.4/100 点という結果でした。ゼロ点が全受験者の3分の2弱もいたという、「落ちこぼれ」の言葉が生やさしく感じるほどの現状です。前回のスピーキングのスコアは 30.8/100 点でしたので、日本の英語教育は習得教育へ向かうどころか逆に後退していっている感じさえします。

　海外の英語教育はとっくの昔に語彙―文法―読解中心の「紹介型」英語教育から脱し、グローバリゼーションにおける大きな時代の変化の流れに乗って、4スキルの「習得型」へ脱皮しています。例えば、台湾では高校3年生段階での英語力は CEFR B2 レベル（TOEFL iBT 80 レベル、英検で準1級レベル）以上の生徒が 21.4%、CEFR C1 レベル、つまり TOEFL iBT 100 レベル、英検1級レベル以上の生徒も 4.3% もおり、中学3年生でさえ CEFR B2 レベル超えは 6.5% もいます（British Council との共同調査『2030 バイリンガル政策全体推進プログラム』）。韓国も中国も似たような習得レベルでしょう。一方、日本では CEFR B2（英検準1級レベル）超えの高校3年生は 0.4% 以下で、B1（英検2級レベル）だと 3% 前後です。6段階中最も低い A1 のカテゴリーに入る（英検では3級レベル以下）生徒はなんと7割以上もいる状況です。

この日本の英語教育が抱え続ける古くて新しい問題に対して、英語圏での日本語教育で圧倒的に成功しているジョーデンメソッドを少しでも参考にしていただきたいと思い『米国の日本語教育に学ぶ新英語教育』（大学教育出版）を出版しましたが、この本を根本的に書き換えなければならない画期的なことが2023年に起こりました。英語の習得教育へ大きな変化をもたらすかもしれないChatGPTなどのAIの登場です。

　ChatGPTなどのAIは実に大きな可能性を秘めています。クイズを一瞬（日本語、英語両言語が可能）で作ってもらえ（教科書などの英文を文字起こしする方法：付録：I-1. 参照）、クイズの答えは、①日本語で書いて答えてもらえば読解のクイズですし、②英語のスピーキングにて答えてもらえばよりスピーキング的クイズとなります。また、③AIのリアルな英語の音声で読み上げさせれば、リスニングのクイズとしても使えます。④単語クイズ、⑤文法のクイズも、ChatGPTにしかるべくプロンプトで指定すれば一瞬で作れてしまいます。⑥小学校5、6年で導入された語彙の範囲内の英語での物語を一瞬で作らせることもできます（付録：I-2. 参照）。⑦スピーキングのクイズ／テスト作り、運用さえ可能で、⑧ある程度の英語会話力がつけば、ChatGPTとのかなり自然なフリートークでさえ可能になってきており、その会話は文字として記録に残るので復習も可能です（付録：I-3. 参照）。さらに、⑨端末で先生と生徒たちがつながっていれば、クイズの後にその結果も即座に統計が取れて、問題があった箇所をすぐにクラスでカバーすることも可能になっています。

　CAN-DOリストはCEFRの影響で日本の英語教育界でも作られ始めましたが、しかるべき「仕掛け」があまり無いために、CAN-DOリストと現実との開きがあまりにも大きくなり、かなりリアリティーに欠けてしまっている感じです。言語プログラムでは「目標⇨カリキュラム（クラス活動・宿題など）⇨評価」は三位一体ですが、**生徒たちの実力とクラスやテストで扱う英語に乖離があればあるほど、教育効果は低くなる**ようになっています。

　日々進化しつつあるChatGPTをはじめとしたAIの援用で、教科書でカバー

している範囲の英語の語彙と文法理解をベースに、効率的なアプローチで練習し、それを評価しつつプログラムを運営する習得教育へ移行できる「仕掛け」作りが容易になりつつあります。つまり、**ジョーデンメソッド援用法でのやり方のパターンさえ知っていれば、効果的な「仕掛け」としてのエクササイズ、クイズやテストを教育現場で手作りをするのはそれほど難しいことではありません。**

　学校によって英語教育環境はさまざまですが、実用英語教育への転換に向かって本書『ジョーデンメソッドによる英語教育 with ChatGPT』を少しでも参考にしていただければ幸いです。そして、とっくの昔に4スキルの英語の習得教育への脱皮を果たしている近隣諸国の英語力に追いつけるのみならず、追い越して、はるかに先に行けるポテンシャルをこの教授法は持っていると確信しています。

ジョーデンメソッドによる英語教育 with ChatGPT

目　次

はじめに ………1

第1章　言語プログラムの3要素と話技能の役割

I 英語教育の3要素 ………13
II スピーキングスキルは他のスキルを支えている ………13
　1. リスニングとスピーキングとの関係 ………13
　2. リーディングとスピーキングとの関係 ………14
　3. ライティングとスピーキングとの関係 ………16
　4. 文法とスピーキングとの関係 ………17
III 教科書のスピーキングの扱い方 ………17

第2章　ジョーデンメソッド援用法＋ChatGPTによる中学英語教育

I クラス外での言語活動 ………19
　1. しっかりした文法の説明 ………19
　2. 英語会話の練習・暗記 ………29
　3. サブスティチューションドリル ………32
II 英語のドリルのセッション ………33
　1. ドリルのセッションのレイアウト ………33
　2. 生徒へのあて方 ………35
　3. クラスルームインストラクション導入にTPRを使用 ………36
　4. クラスでのコミュニケーション活動パターン ………37
　　(1) 状況ベースの口頭での瞬間英作 ………37
　　(2) リーディングの内容について英語でディスカッション ………39
　5. 英語コミュニケーション活動時の先生の3つの役割 ………41
　　(1) クラスルームマネージャー ………42
　　(2) カンバセーションパートナー ………42
　　(3) モデル ………43

Ⅲ　文法のセッション＋クイズ ………44
　　　1. 文法のセッションの内容 ………45
　　　2. 文法のクイズ ………47
　　　3. リーディングのクイズ／リスニングのクイズ ………50
　　　4. ライティングのクイズ ………50
　Ⅳ　評価法（デイリーグレード、中間、期末テスト）………51
　　　1. デイリーグレード ………51
　　　　（1）成績記録表 ………52
　　　　（2）週間成績レポート ………53
　　　2. 中間・期末テスト ………54
　　　　（1）スピーキングのテスト ………54
　　　　（2）ペーパーテスト ………54
　　　　（3）テストレポート ………56
　Ⅴ　週間スケジュール ………57
　Ⅵ　コースシラバス ………58

第3章　ジョーデンメソッド援用法＋ChatGPTによる高校／大学英語教育

　Ⅰ　ドリルのセッション ………63
　　　1. クラス外での準備（予習）………63
　　　　（1）常に複数形の名詞 ………63
　　　　（2）単複同型の名詞 ………65
　　　　（3）固有名詞と the ………66
　　　2. ドリルのセッションのアクティビティー ………70
　　　　（1）クラスが始まる少し前 ………70
　　　　（2）ドリルのセッションの進め方 ………70
　Ⅱ　文法のセッション ………80
　Ⅲ　リーディングのセッション ………83

Ⅳ ライティングのセッション ………88
　1. 単語、熟語、スペルチェック ………88
　2. ディクテーション ………89
　3. 日本語からの英訳 ………89
　4. メモ書き（宿題としても可）………89
　5. ショートメール（宿題としても可）………90
　6. 宿題としての小エッセイ ………90

Ⅴ この英語の習得プログラムの評価法 ………91
　1. クイズ ………91
　　（1）文法のクイズ ………91
　　（2）リスニングのクイズ ………92
　　（3）スピーキングのクイズ ………93
　　（4）リーディングのクイズ ………93
　　（5）ライティングのクイズ ………94
　2. 中間・期末テストの行い方 ………94
　　（1）スピーキングのテスト／オーラルテスト ………94
　3. 生徒の側からの教師と英語のクラスに対する評価 ………100
　4. クラス見学でのクラスの評価のポイントと解説 ………102
　　（1）生徒のドリルのセッションの参加状況 ………102
　　（2）教師のクラスへの準備とクラスでの教師の状況 ………103
　　（3）授業の進行 ………104
　　（4）アクティビティー ………105
　　（5）訂正、フィードバック ………106

付録

Ⅰ ChatGPT などを使っての教材の制作、クイズやテストの制作など ………109
　1. 教科書の英文などを文字起こしする方法 ………109
　2. 単語リスト使用の英文パッセージ作り ………109

3. PC, iPhone, iPad, Android で ChatGPT と英会話をする方法 ………110
  4. 英文を自然なものに書き換え可能 ………112
  5. クラス管理と暗記チェック、スピーキング / オーラルのクイズ、テストについて ………113
  6. Substitution Drill 作り ………113
  7. リーディング / リスニングのクイズ作り ………114
  8. ライティングのトピック作り ………114
  9. リーディングしてそれについてライティングするパターン ………115
  10. Utilization の英文の状況作り ………115
  11. 英語のスピーチのトピック作り ………116
  12. リアルな英語の音声作り ………116
  13. 単語クイズ作り ………116
  14. 文法のクイズ作り ………117
  15. リーディングのクイズ作り ………118

Ⅱ その他の ChatGPT を使うプロンプト ………119
  1. 英文のエッセイの添削をする ………119
  2. 扱う文法項目のあるセンテンス作り ………119
  3. 短文の 4 択問題作り ………120
  4. パッセージ 4 択穴埋め問題作り ………122
  5. 読解問題作り ………123
  6. 単語のリスト作り ………124
  7. 類似発音の練習問題作り ………125

Ⅲ 単語リスト、文法項目 ………126
  1. 小学校 6 年レベル単語リスト ………126
  2. 小学校での文法項目 ………132
  3. 中学校での文法項目 ………132

4. 高校での文法項目 ………133
Ⅳ　CAN-DO リスト ………134
　　1. CEFR（ヨーロッパ言語共通参照枠）：Conversation ………134
　　2. ETS Oral Proficiency Testing Manual ………136

ジョーデンメソッドによる英語教育 with ChatGPT

第1章　言語プログラムの3要素と話技能の役割

I 英語教育の3要素

　言語プログラムのイロハは、
イ）目標：シラバス
ロ）カリキュラム：その目標を達成するためのクラス活動・宿題など
ハ）評価：クイズ、テストで問題点を知ることでカリキュラムをよりよいものにしていく

です。日本の英語教育では特にスピーキングスキルの評価が欠けていますが、言語教育では評価はカリキュラムの向上に非常に重要なのです。

II スピーキングスキルは他のスキルを支えている

　しかも、スピーキングは他のすべてのスキルを下支え、横支えをしています（『英語学習論 スピーキングと総合力』（青谷正妥）（朝倉書店））。以下に見るように一石四鳥なのです。文法理解も習得のための手段となり、より理解が進む＝習得作業がより効率的になるという関係になり、文法理解へのよいモチベーションとなりますので一石五鳥だとも言えます。従来型の「文法のための文法学習」では、やはり英語嫌いが出やすく、その分理解が進みにくいわけです。

1. リスニングとスピーキングとの関係
　リスニングはオーディオ機器を使ってもできますが、自らスピーキングをすることにより、そのスピーキングをした英語を聞くことになりますので、リスニング力が向上します。

英語学習者がスピーキングをする時に発音やイントネーションに問題の出る英語は、そのリスニングにも限界があるものです。例えば、[l]音や[r]音をきちんと仕分けして発音できない人は、リスニングで[l]音と[r]音を聞いても曖昧音にしか聞こえない傾向があります。英米の映画やテレビドラマの英語はいわゆる"日常英会話"であり、英語の字幕でスクリプトを読めばやさしい英語を使っているシーンが多いと分かりますが、それをリスニングするとなると多くの英語学習者にとって非常に難しいものとなります。その理由は、その日常英会話を自らがしゃべれないからなのです。ですので、多くの通訳や通訳を目指して勉強している人達はリスニングにスピーキングを結びつけたシャドーイング（聞いた英語を少し遅れてそのままリピートすること）の方法を使っての練習を多く行います。

2. リーディングとスピーキングとの関係

　日本の英語教育がリーディングにかなりのウェイトが置かれていても、リーディングの習得効率が非常に悪いのは音としての言語が前提に無いからなのです。オーラルの前提のあるリーディングは、語の塊である句や節単位で目に飛び込んで来ますのでリーディングが直読直解（本来のreading）で速くなります。そのベースの無いリーディングは、英文を語順通りに理解しないで、その語順を頭の中でひっくり返して読むといった、漢文の訓読のような遅いリーディング（decoding「解読」と呼びます）になりやすいのです。
　言語は、意味を持った"音"がプライマリーであり、"文字"はその意味のある音を目に見える形にしたものにしかすぎません。こういった事実は、第1言語である母語で考えてみれば明らかです。第1言語では、音としての母語から習得が起こりますが、その音としての言語が存在しているという前提があってはじめて効率的にリーディングスキルの習得ができていきます。こういった習得関係であるためか、私達はリーディングを行っている場合も、その読んでい

る言葉を無意識に脳の中で音として響かせる傾向があります。文字表現の意味を"オーラルにたずねている"といった感じです（このことはライティングの場合も同様です。自分の書いた表現を脳の中で音として響かせて「その表現が自然に響くかどうか」を確かめることはよくあることです）。ですので、英語の習得もスピーキングが前提にあればリーディング力がスムーズに伸びていくのです。

　スピーキングによる支えがないと、語彙、文法、読解でいくら勉強しても読解力の伸びは頭打ちになりやすい訳です。実際、トップ大学合学者平均でも実用からまだ遠いと言われる英検2級レベルを出ることはありません（注）。入試でよくカバーされている英語会話も「読解」扱いです。そもそも、実生活で「会話を読む」機会はあるのだろうかと思います。「スピーキング」の練習も音読法がよく使われるといった、読み中心の発想の英語の扱いです。

注
　スーパーグローバル大学トップ校の一つである京都大学が、新入生全員にTOEFL ITPを2016年の4月と12月に行いました。平均点は、

> 4月：503.1点
> 12月：505.8点
> 国際高等教育院報告

でした。英検準1級レベルはTOEFL ITP換算で550ですので、トップ大学であってもリーディング、リスニングに限ってさえ非常に低いという厳しい現状があります。

　日本の学校での「嫌いな科目」調査では、英語科目は大体トップかトップあたりに来ます。近隣諸国では、英語を実用的に扱う習得教育で、「生きた」英語を扱い、学習の先に英語を実用的に使えることがある程度想像できるので、英

語学習への興味が刺激され、英語のリーディングとライティング、コミュニケーション能力が高くなります。日本の大学にはアジアからの留学生が多いのですが、日本語以外に英語でのコミュニケーションはおおむね流暢にでき、論文は英語で書いて提出ができます。

　彼らが母国で経験した、使えることが前提の英語教育、英語学習はやはりより楽しいと思われ、逆に日本では、入試で扱う英語が典型ですが、英語を「死」語のラテン語のように語彙—文法—読解中心に扱っており、苦手な生徒、落ちこぼれの生徒が多い科目になるのは当然なのです。そして全国校長会が文科省に教科書の内容の削減を要請し続け、かなり語彙が少なくなってしまいました。他のアジアの近隣諸国でカバーする語彙数とは雲泥の差です。コミュニケーション英語はかなりカバーされてきていますが、習得前提でなく紹介型であれば「コミュニケーション英語」の読解となってしまいます。

　小学校での英語教育が本格的に開始され、全体の導入語彙はかなり増えましたが、英語教育が他国のような習得教育へと脱皮のできていないままですので、落ちこぼれはさらに増えることが予想されます。

3. ライティングとスピーキングとの関係

　正しい文型で、そして自然な英語表現にて英語で瞬時に言えるということは、ライティングをしても同様に正しい文型と自然な英語表現でスムーズに書けるということですので、ライティングの能力もスピーキング能力の向上とパラレルに伸びていきます。

　TOEFL iBT には、スピーキングとライティングの両アクティブスキルのセクションがあります。結局高得点のために鍵となるのは、両セクションとも a) バラエティーのある自然な英語表現力と、b) バラエティーのあるセンテンスストラクチャーのパターンである文法力なのです。これら a) と b) を駆使して、スピーキングにてスムーズに言えるということは、ライティングでも a) と b) をスムー

ズに使えるということです。ですので、ライティングスキルの向上を指導する場合でも、スピーキングにてこれら a）と b）を生徒に習得してもらうことになります。そうすることによってスピーキングスキルのみならずライティングスキルもスムーズに伸ばすことができるからです。英語でのエッセイをいくら書いても、それだけではライティングの向上にはかなり限界があるものなのです。

4. 文法とスピーキングとの関係

　効率的なスピーキングの習得のためには文法を理解しなければなりませんので、文法の理解が物凄く深くなります。暗記や繰り返しドリルを行う場合、文法の理解のない英語のプラクティスはオウムの繰り返しになりやすく、直ぐに忘れやすく応用も利きません。ですので、成功している北米の日本語プログラムで日本語を履修している生徒は文法の説明をしっかり読もうと試みるのです。つまり、文法のための文法ではなく、習得が目的の文法となりますので、"文法のための文法の勉強"法が作り出してきたと考えられる多数の文法嫌いの生徒を減らすことができます。

Ⅲ　教科書のスピーキングの扱い方

　これほど重要なスピーキングスキルですが、英語の教科書を見ると、スピーキングスキル（ライティングのスキルもですが）を「習得型」で積み上げていくパターンにはあまりなっていません。副教材の教科書 workbook や教科書ガイドの類を使ったとしても、です。
1）文法の理解
2）スピーキングの練習
3）どれだけ理解して使えるのかのチェックとしてのスピーキングのクイズ
が、効率的にスピーキングのスキルを上げていくのに必要です。しかし、そう

いった仕様にはなっておらず、ただ英語のフレーズを聞いたりリピートしたりするパターンです。教科書に実際にある下の(1)のセンテンスのan appleですが、どういう状況の an apple なんだろうと思わざるを得ません。apples ではないのか？ (2) では複数形の pictures となっていますが、また、(3) の practice baseball に the がなく (4) の practice the guitar に the があるのはなぜだろう？後者は the はなくても可能なのか？ (5) の clean the bathroom についている the はなんだろう？

> (1) I eat an apple.
> (2) Do you draw pictures?
> (3) Do you practice baseball?
> (4) Do you practice the guitar?
> (5) Do you clean the bathroom?

　ここを生徒に理解させない限りいくらリピートさせても丸暗記ならぬ丸練習で、理解していない分忘れやすくなり、応用が利きにくくなり練習が非効率になります。なので、しかるべき文法の理解を深める「仕掛け」が必要です。

　先生が文法を説明するとしても、先生によって説明の質に差があったり、説明の負担が大きかったりで、先生が板書きするエネルギー、生徒がノートテイキングするエネルギーが習得に結びつくか甚だ疑問です。教科書から文法がかなり消えてしまっているのは、特にスピーキング、ライティングのスキルアップには相当まずいと思います。そこで、どうしても文法理解ベースのスピーキングスキルを徐々に積み上げる補助教材が必要になると思います。

　クラス活動、クラス外活動（宿題など）で徐々にアドリブの英語で言えるように積み上げていく「仕掛け」が必須なのです。そして、その評価を行うことでどこにどういった問題があるのか、そしてそれらを具体的にどう克服していけばよいのかが見えてきます。

第2章　ジョーデンメソッド援用法＋ChatGPTによる中学英語教育

I　クラス外での言語活動

　習得型の英語教育への移行には、相応のティーチングメソッドとそのメソッドの使用を可能にする教材が必要です。つまりしっかりとした詳しいセンテンスパターンである文法の説明があり、その理解を前提とした豊富な量の練習ができる教材が必要です。実際問題として教科書がメインの教材として使われつつ中学と高校の英語教育が行われていますので、それをベースに「紹介」ではなく「習得」を目的に足らない部分を補うために補助教材を使ったりChatGPTなどのAI援用で作ったりが必要になります。中学1年生のLesson 1をカバーする例を使って以下の1.~3.を順に具体的にご紹介したいと思います。

1. しっかりした文法の説明
　クラス外でいかに文法を読んで理解させるか、その工夫が重要です。クラスでの文法セッションは、文法のクイック理解度クイズを行ったり、文法の説明の補足をする時間として使います。下の2と3ではその「理解」が伴わないと、練習・暗記が空回りします。

2. 英語会話の練習・暗記
　口頭での暗記もできないで、実際の英会話が機能することはあり得ません。音声データがない場合、リアルな音声をAIで作り、扱いやすい変速機能のついたものを使って効果的に練習できる体制にしておきます。

3. サブスティチューションドリル（Audio-Lingual Method）

この制作には、ChatGPT を援用します（実際のサブスティチューションドリルはこの章の I.-3. を、その制作方法は付録 I.-6. を参照）。
　注
　　公立の中学校では英語科目は週4時限が普通ですが、中高一貫校では週に6、7時限が普通です。そのため、検定教科書では進むスピードが遅いので、進むスピードのより速い『New Treasure』などをメインの教科書として多くの学校が使っています。文法ベースの副教材もありますが、練習は語彙挿入、語句の並び替え問題、センテンスの英訳問題の範囲までで、スピーキングスキル習得に向けた練習はまったく欠けてしまっています。トップ大学合格者でさえ、多くがカタカナ・カタコト英語だと揶揄され続けているのには理由がある訳です。

　いまの中学1年の教科書では、英語教科が小学校5、6年に降りているからだと思いますが、Lesson 1 で SVC と SVO が同時にカバーされています。SVC 型のシェアは 65% 近くで SVO 型のシェアが約 20% ですので（『即戦力がつく英文法』（日向清人）（DHC））、Lesson 1 は基本文型の土台作りとして、時間をかけてじっくり理解、練習、暗記、繰り返しの学習を行います。
　小学校5、6年ですでに導入されている語彙は最初からカバーしてよいと思いますので、「理解、練習、暗記、繰り返し」学習の中にそれらを加えることは可能ですが、中学1年の教科書で後の Lesson でカバーされる文法項目は避けた方が無難です。習得型で習熟度を徐々に上げるタイプの英語教育の場合、カバーする文法項目が多いと中途半端になりやすいからです（ちなみに中学1年でカバーされる文法項目のほとんどは小学校5、6年で導入されていますが、小学校での英語教育では生徒たちの文法の理解はあまり考慮に入れられていません）。

　基本英会話は教科書のものを使います。中学1年の教科書の Lesson 1 の英会話は大体以下のレベルのものになります。

> Are you good at cooking?
> -Yes, I am.
>
> Are you a basketball fan?
> -No, I'm not. I'm a baseball fan.

　この短い英会話が中学1年生の教科書のLesson 1で導入されているとします。これをベースに、文法、聞き、話す、読む、書く、の5スキルをすべてカバーするようにします。キーは、お互いのスキルを予習・復習の関係になるように扱うことです。学習効果が2倍、3倍になるからです。また、導入される文法項目と語彙を、他のスキルを扱う時にも繰り返し使うことで強いインプットが得られます。

　小学校5、6年の教科書は600語ほどの語彙をカバーしています。それらは使える範囲と考えることができます（この本の付録：Ⅲを使用）。その範囲でChatGPTに、上のような短い英会話を作ってもらうことも可能です。

　また、日本の教科書は伝統的に文型の「正しさ」はカバーしても、英語使用の「自然さ」は手薄です。例えば、「自己紹介」をカバーした韓国の中学1年のLesson 1の英語と日本のそれとを比べてみます。

> 韓国：
> I'm really into fashion. Check out my first-day-of-school look.
> This is my favorite purple T-shirt. And this is my lucky hairpin. How do I look?
>
> 　　　　　　　　　　　（『Middle School English 1』）

> 日本：
> Hello, everyone. I'm Margaret Brown. Call me Meg. I'm from Australia.
> I'm twelve.
> I like Japanese food. I love sushi. I often drink green tea, too.
>
> (『New Horizon 1』)

　韓国の教科書の「自己紹介」の英語は自然で生き生きしている感じです。日本のそれは機械的な感じが否めません。そう感じた場合は、ChatGPT に「自然な自己紹介の英語にして」(付録：I-4. 参照) とのプロンプトで指示すると、以下のようにより自然な英語表現に変えてくれます（こちらが気にいる英文が得られるまで何度でも）。未導入の語彙や文型があれば、しかるべきプロンプトで消します。

> Hello, everyone. My name is Margaret Brown, but you can call me Meg.
> I'm a 12-year-old from Australia, and I'm a huge fan of Japanese food,
> especially sushi. I also enjoy drinking green tea quite often.

　次の「文法」のところで詳しく述べますが、英語の自然さは非常に重要です。英語でのコミュニケーションをよりスムーズにしたければ、それはよりコミュニカティブな英語を扱うことによって達成されます。「より使う英語」を扱うスタンスが重要です。

1. しっかりした文法の説明

　日本語と英語は非常に言語的距離があり、日本語母語者にとって英語は最難外国語となります。そして、習得を難しくしているポイントは、ほぼ日本語と

英語のズレの部分で、それらは特定できます。かなり複雑微妙なポイントが多くなりますが、それ相応の文法の説明のしっかりしたものが必要です。

　文法に関して、まず日本の英語教育界に一般的に見られる１番大きな誤解は、文法が文型文法だと誤解されてしまっている所だと思います。習得を目指す場合、扱う文法はそれだけではないわけです。文法とは言語のいろいろな面の法で、文型文法はその１つにしかすぎません。それプラス音としてのルール関係、言語を"いつ""どこで""どう"使うのかの自然な表現の仕方、異文化コミュニケーション上のルールもカバーする必要があります。

　例えば、言語学の辞書（『Sansedo's New Dictionary of English Grammar』（三省堂））による文法の定義は、以下のようになっています。

　　①統語論、②形態論に加えて③音韻論、④意味論を含める立場が、かなり一般的なものになってきている。他方、文を越えた領域を対象とする研究も当然成立しうる。こういう文を超えた、具体的な場面を前提とする⑤談話文法（discourse grammar）の名で呼ぶ事もある。

　言語習得でやっかいなのは、文型文法（日本の英語の文法書は大体「文型文法書」だと思われます）のみならずこれらの発音やイントネーションの法、正しい文型のみならず表現の自然さやバラエティー、異文化コミュニケーション上での法をカバーしなければならないことです。英語習得では、これらのそれぞれの言語アスペクトは避けて通れないわけです。

　例えば、私達は言葉を交わす時、コミュニケーションを円滑にするための共通のルールを、かなり無意識に使っています。これは、それこそ視線をどうするかということや、うなずき方、身振り手振りといった動作から、話の進め方、決り文句、価値観など、多くの共通のルールが会話にかかわっています。単語と文型さえ知っていれば適切な英語会話ができるといったような単純なものでは決してないわけです。

適切な英語の習得のためには、そしてひいては英語でのスムーズなコミュニケーションを行うためには、単語と文法といった面のみならず、その背景となる英語文化も理解する必要が出てきます。でないと、英語社会において、または英語でのコミュニケーションにおいて所謂ミスコミュニケーション、カルチャーショックを感じる頻度が高くならざるを得ません。そのカルチャーショックがひどい場合では、留学の途中で日本に帰国してしまうケースも少なからずあるくらいです。

　文法の方は英語の土台ですので、それがしっかりしていないと単語数をいくら増やしても生徒の英語力は不安定にしか伸びていきません。受験英語的勉強法の弱点として、知識レベルにとどまっている不安定な文型文法の土台の上に、英単語や英熟語を積み上げていきますので、アクティブスキルであるスピーキングやライティングスキルの習得にはどうしても結びつき難くなっていると思います。

　文法用語の導入は中学1年生にはチャレンジングに思われるかもしれませんが、生徒への文法の説明では必須の決まり事です。なかなか理解のできない生徒もいることは確かですが、それでクラス全体にこういった決まり事を少ししかカバーしないのは極端だと思います。習得ベースのクラス運営の場合、クラス全員への大きな習得障害になりやすいからです。英語の習得活動は、文法の理解の浅さに応じて空回り度が高くなります。できるだけ生徒への文法の理解の確保に努力する、というスタンスが重要です。

　文法は、あくまでも目的である習得を効率的にするための手段です。受験英語学習的な文法のための文法的学習は、英語嫌いが出やすいパターンです。使えるようになっていっている実感がないからです。ですので、習得レベルを効率的にする「習得文法」と、日本で一般的な必ずしも習得レベルをコンスタントに上げるのが目的でない文法書による「記述文法」は分けて考える必要があります。

　以下、具体的に説明するために拙著『スピーキングのための英文法』(河合出版)

の一部を使います。

注
  substitution ドリルと状況ベースの utilization 込みの『英会話のための基本英文法完全マスター』(IBC 出版) も 2024 年 7 月に出版されています。

　Lesson 1 では、まず「主語 (名詞 / 代名詞)(S)」+「動詞 (V)」+「補語 (名詞 or 形容詞 or 副詞)(C)」の SVC の文型で、人称代名詞が主語の肯定文、否定文、疑問文を学習するとします（注）。

注
  これをベースとした文法クイズはこの章の III.-2. を参照。

(1) 文法の基本的な決まりごと
1) 文：**主語と述語**
　「文」は、主語と主語の状態や動作について述べる述語に分けられます。つまり、述語は "主語がどういう状態にあるか・何をしているか" を表します。下のセンテンスでは、主語は「トム」で、述語でその「トム」が「どういう状態にあるか」について表しています。

2) 名詞関連
a) **名詞**

主語は名詞で、名詞は人、物、事柄などの名前を表します（下の下線の語）。

| Tom is in Tokyo. | 「トムは東京にいます」 |

b) 代名詞

代名詞は名詞の代わりに使われるものです。

| Sally is from the US. She is in Kyoto now. | 「サリーはアメリカ出身です。（彼女は）今京都にいます」 |

3) 形容詞関連

a) 形容詞

形容詞は、名詞の a) 性質や b) 状態を述べます。下のセンテンスの下線のある語が形容詞で、主語の a)「そのバッグ」が「どういう性質」、b)「その赤ちゃん」が「どういう状態」にあるのかを述べています。

| a) The bag is nice. | 「そのバッグはよいですね」 |
| b) The baby is sleepy now. | 「その赤ちゃんは今眠そうです」 |

b) 冠詞

冠詞の a/an（an は後ろの語の最初の発音が母音の場合に使われる〈例：an American, an egg〉）と the（the の発音は [ðə] で、後ろの語の最初の発音が母音の場合は [ðɪ] と発音）は名詞を修飾するので、一種の形容詞です。a/an は名詞の新しい情報（新情報）を、the は古い情報（旧情報で「私もあなたも知っている（例の）〜」を意味し、下のセンテンスで2つ目の dog が The dog となっているのは、前のセンテンスで「その部屋にいる犬」が聞き手にすでに紹介され

ているため）を示します。

A dog is in the room. The dog is very cute. 　新しい情報　　　　古い情報	「犬がその部屋にいます。その犬はとてもかわいいですよ」

4）**副詞**

　副詞はa）動詞（この場合はbe動詞）を修飾（場所、時間など）したり、b）形容詞（程度）（この場合はgood）などを修飾して、意味を補足したり、限定したりします。

a) I am <u>at school</u>. b) The PC is <u>very</u> good.	「（電話で）私は学校よ」 「そのPCはとてもいいですよ」

5）**動詞**

　述語の中心は動詞です。

Liz <u>is</u> very pretty.	「リズはとてもきれいです」

a）**be動詞＋補語**

　be動詞は、主語の人や物などと補語をイコールで結びつけます。

b）**補語**について

　補語は、主語についてそれが何か、またはどんな状態にあるのかを補足説明した語です。補語は主にa）名詞かb）形容詞で、たまにc）副詞がくることがあります。

a) Mary is <u>a doctor</u>. b) They are very <u>tall</u>. c) The students are <u>in the classroom</u>.	「マリーはお医者さんです」 「彼らはとても背が高いです」 「その生徒たちは教室にいますよ」

主役級なのは主語になる名詞、名詞を形容する形容詞、それと主語についての状態や動作を述べる述語の中心にある動詞、その動詞などを修飾する副詞の4つです。

　その他の文の要素の助動詞や前置詞や接続詞は、名詞、形容詞、動詞、副詞の4つをベースに理解すると分かりやすくなります。例えば「**助動詞**は"動詞を助けるもの"」「**前置詞**は"名詞の前に置いて"形容詞句か副詞句を作るもの」「**接続詞**には"名詞節、形容詞節、副詞節を導く"ものの3種類」といった具合です。

6）人称代名詞と**肯定文、否定文、疑問文**

　人の代名詞（人称代名詞）の主語が何か（単数か複数かなど）によってbe動詞が語形変化します。

表　be動詞の語形変化

人称	単数（短縮形）	複数（短縮形）
1人称（自分(たち)）		
肯定文	I am (I'm) ~.「私は～です」	We are (We're) ~.「私たちは～です」
否定文	I am not (I'm not) ~.「私は～ではありません」	We are not (aren't) ~.「私たちは～ではありません」
疑問文	Am I ~?「私は～なのかな？」	Are we ~?「私たちは～なのかな？」
2人称（相手）		
肯定文	You are (You're) ~.「あなたは～です」	You are (You're) ~.「あなたたちは～です」
否定文	You are not (aren't) ~.「あなたは～ではありません」	You are not (aren't) ~.「あなたたちは～ではありません」
疑問文	Are you ~?「あなたは～ですか？」	Are you ~?「あなたたちは～ですか？」

	「あなたは〜ですか？」	「あなたたちは〜ですか？」
3人称（第三者）		
肯定文	He/She/It is 〜.	They are (They're) 〜.
	「彼 / 彼女 / それは〜です」	「彼ら / 彼女ら / それらは〜です」
否定文	He/She/It is not (isn't) 〜.	They are not (aren't) 〜.
	「彼 / 彼女 / それは〜ではありません」	「彼ら / 彼女ら / それらは〜ではありません」
疑問文	Is he/she/it 〜?	Are they 〜?
	「彼 / 彼女 / それは〜ですか？」	「彼ら / 彼女ら / それらは〜ですか？」

＊口語ではbe動詞はam, are, are not, is notより 'm, 're, aren't, isn'tといった短縮形が好まれます。

2. 英語会話の練習・暗記

　この英語の暗記を宿題として求めます（次の3.の「練習」のサブスティチューションドリルも宿題として扱います）。そもそも暗記もできなければ、話技能の習得レベルを伸ばしていくことは不可能です。

> Are you good at cooking?
> -Yes, I am.
>
> Are you a basketball fan?
> -No, I'm not. I'm a baseball fan.

注

　日本の英語教育では、生徒が英語嫌いになることを恐れて英語の暗記をあまり求めていないような気がしますが、それは逆効果だと思います。口頭での練習や暗記作業は、体育で言えば実際の体育でカバーする運動やスポーツで身体を動かして練習す

ることですし、音楽で言えば実際に歌ったり楽器を弾いたりの練習です。かなり運動ができない、もしくは音楽音痴な生徒を考慮して、座学の保健体育中心の学習、楽譜読み中心の音楽のクラスにしてしまえば、余計に体育教科嫌い、音楽教科嫌いが増えるのと同じ理屈です。

　暗記作業をクラス外での英語学習にする理由は、クラスの貴重な時間はできるだけプラクティカル、コミュニカティブな言語活動の場としたいからです。家庭で宿題のできにくい生徒はいますが、学校で英語のLL（Language Learning）のような、声に出しての英語の練習や暗記作業が自由にできる教室を一つアサインしておくのもよいのかもしれません。
　クラス内での暗記チェックは、端末を使うと便利です。生徒それぞれが手持ちの端末からの音声による質問に答えたり、質問したりします。先生が生徒に送る音声データは以下の感じになります。暗記した英語を扱いますので、これらのアイテム（料理やスポーツ）に対して生徒の実際の個人的な好き嫌いとは無関係です（注）。

　　注
　　　タブレットの使用が前提ですが、電子本の普及が望まれます。メリットが計り知れないからです。曖昧な語はワンクリックで英英辞典、英和辞典でチェックでき、発音もさせることができます。どうしても意味の分からないセンテンスやパラグラフは翻訳も簡単にしてくれます。ハイライトしたり下線を引いたりも可能ですし、それらの解除も簡単です。メモを書くこともできます。また、もちろん紙を使わない分環境にも優しいです。

　次の音声を1度流します。
 Are you good at cooking?
-Yes, I am.
　　暗記チェックはここからです。

1）（音声が流れる）Are you good at cooking?
 - Yes, I am. と生徒が返答する。
2）「話し相手に料理が上手か英語で聞きなさい」を見て、英語で聞く。
 Are you good at cooking? と生徒が言う。
（音声が流れる）-Yes, I am.

次の音声を1度流します。
Are you a basketball fan?
-No, I'm not. I'm a baseball fan.
3）（音声が流れる）Are you a basketball fan?
 -No, I'm not. I'm a baseball fan. と生徒が返答する。
4）「話し相手にバスケットボールのファンか聞きなさい」を見て、英語で尋ねる。
 Are you a basketball fan? と生徒が言う。
（音声が流れる）-No, I'm not. I'm a baseball fan.

　先生は生徒から送られるパフォーマンスをチェックし、成績をつけて送り返すこともできます。成績をつけた方が生徒の準備度はかなり上がりますし、パフォーマンス度が上がります。生徒はそれによって、よいのかよくないのかわかり、よくない場合でもどのくらいよくなくて、どこをどのくらい次に頑張ればよいのか分かります。評価は大変重要です。
　評価基準は大体以下になります（付録：I-5）。

評価基準
(1) 発音・イントネーション、リズム
(2) 文型的正しさ
(3) 自然さ（状況相応の感情を込めた自然さ）
(4) スピード

3. サブスティチューションドリル

次にジョーデンメソッドにあるパターンプラクティスを応用してのドリルです。口慣らしが主な目的です（付録：I.-6.）。戦後に Substitution Drill – Audio-Lingual Method として使われていたやり方です。

例えば、

1) 下の最初のセンテンス (1)He is tall. の音声が１度流れます。本またはそのプリントを見ないで耳のみに頼ってリピートします。
2) 聞いた英文への理解が曖昧であれば、本またはプリントのセンテンスを見て１回音読を行い、そのセンテンスを理解します。あいまいな語彙は調べます。
3) その後、下のパターンだと（question）と音声が言います。「質問文に変えてセンテンスを言ってくれ」という指示なので、生徒は、(2) Is he tall? と言います。
4) すると、Is he tall? の音声が流れてきますので、Is he tall? とシャドーイング（影のように少し遅れて言う）やリピート（センテンスが終わった後に全センテンスをリピート）をします。この２度目に生徒が Is he tall? と言う時は、ネイティブに近い発音・イントネーション、スピードを心がけます。

Substitution Drill – Audio-Lingual Method

A：

(1) He is tall. (question)
　　彼は背が高いです。

(2) Is he tall? (negative)
　　彼は背が高いですか？

(3) He isn't tall. (doctor)
　　彼は背が高くないです。

(4) He isn't a doctor. (positive, English teacher)
　　彼はお医者さんではないです。

(5) He is an English teacher. (question)
彼は英語の先生です。
(6) Is he an English teacher? (negative)
彼は英語の先生ですか？
(7) He isn't an English teacher. (from England)
彼は英語の先生ではないです。
(8) He isn't from England. (question)
彼はイギリスの出身ではないです。
(9) Is he from England?
彼はイギリスの出身ですか？

　このクラス外での準備も、生徒のできをクラス内でクイックチェックして成績を出せば、生徒の準備の質がグッと上がります。

II 英語のドリルのセッション

　このセッションは基本英語のみの直接法で行います（文法のセッションは日本語で行います）。

1. ドリルのセッションのレイアウト
　ドリルのクラスサイズに関しては理想的には最大25名くらいで（注）、教師を中心とした一列の（半）円形に座ります（生徒数が少ない場合は、大きなテーブルを囲む方がビジュアルエイドがさらに見やすく、お互いの距離がより近くてよいのかもしれません）。

教師も含めた生徒同士の間には障害物はありません。そのレイアウトにより、自由に立ったり座ったり、すばやい移動ができます（要するに、dead time を最小限にできます）。

注
　東京都の公立中学校の英語科目では 20 名のクラスサイズが達成されています。また、田舎の中学校は少子化で英語のクラスサイズの小さい学校はかなりあります。私立中学によっても、その小さいクラスサイズにしている学校が少なからず、です。クラスサイズに関しては、諦めないでいろいろ工夫して達成していただきたいと心より思います。メリットが大きいからです。
　ただし 40 人学級だから「習得型」の英語教育を諦めるということではないことは言うまでもありません。「習得型」に移行している他国の多くも日本と似たようなクラスサイズだからです。
　一方、文法セッションは 40 人サイズで大丈夫です。主に文法についてカバーする議論形式だからです。

　例えば、下記のような英語でのインターアクションをする場合、25 人ほどい

る生徒の中に2人の生徒がお互い離れて椅子に座ったまま会話をすれば非常に不自然なわけです（Sは生徒）。
S1: Oh, Hi!
S2: Hi! How are you today?
S1: I'm OK.

　使われる言葉には常にコンテクストがあり、その言語文化の中で言語は使われます。先生は、その言語文化に対して自然であるコンテクストの中で生徒に英語を使わせる必要がありますが、このクラスのレイアウトだと状況に応じたより自然なコミュニケーションが可能となります。
　また、すべての生徒が他のすべての生徒のパフォーマンスを見・聞きができるのもこのレイアウトの大きなメリットです。生徒は先生からのみならず他の生徒からも"学べる"からです。

2. 生徒へのあて方
　生徒の指名は順番にではなくアトランダムに行います。いつ先生にあてられるか分かりませんので生徒のクラス・アクティビティーへの集中力がより高くなります。さらに、生徒へは英語で質問をしてから生徒をあてます。その逆に生徒をあててから質問をすると、他の生徒は自分にあたっていないので、質問に対して答えを考えなくなる可能性があります。
　生徒へのあて方は名前を呼ぶケースもありますが、名前を呼ばないで手の平を上向きにして生徒の方向に手を突き出し「どうぞ」と言う形で指名すればさらに指名時間を短縮できます。
　あてる時間はそれぞれの生徒になるべく平等になるようにします。つまりあてる回数を平等にするということではありません。ということは、英語がよりスムーズに出てくればそれだけあてられる回数が増えるということでもありま

す。

3. クラスルームインストラクション導入に TPR を使用

ドリルのセッションは基本英語のみの直接法でクラスを進めていきます。その直接法を使うには、英語のクラスルームインストラクションを使うことが重要で、それらのインストラクションは以下のような感じになります。

クラスルームインストラクション
(Classroom Instructions)

(1) (Please) say it.「言ってください」
(2) (Please)Repeat after me/Yui.「私／結衣のあとについて言ってください」
(3) (Please) say it once more.「もう一度言ってください」
(4) (Please) say it all together.「みんなで言ってください」
(5) (Please) speak more quickly.「もっと速く話してください」
(6) (Please) ask ~.「(誰々に) 聞いてください」
(7) (Please) answer.「答えてください」
(8) (Please) don't use Japanese.「日本語を使わないでください」
(9) Stand up.「立ちなさい」
(10) Sit down.「座りなさい」
(11) (Be) quiet.「静かにしなさい」
(12) Put away your pen.「ペンをしまいなさい」
(13) Close your book.「本を閉じなさい」
(14) Time is up.「時間です」

生徒たちが、先生からのこのクラスルームインストラクションに慣れるよう、TPR（Total Physical Response）を使って１年目の最初のクラスで導入します。

例えば、黒板に Is Tom American? という英語が書いてあります。この TPA では、先生が生徒に上記の (1) のクラスルームインストラクションである Say it. と生徒に言えば（つまりそれは Is Tom American?「と言いなさい」という事です）、生徒は Is Tom American? と言う事になります。(3) の Say it once more. のインストラクションであれば、それをもう 1 度繰り返し、(4) の Say it all together. と先生が言えば、生徒全員が Is Tom American? と言うことになります。(6) の Please ask Ken. と先生が言えば、その指名された生徒はケンに Is Tom American? と聞きます。

TPR は James Asher によって提案されたもので、「全身反応教授法」とも呼ばれている通り、命令を聞いたら学習者はすぐにそれに反応して行動を起こします。日本語を使うことなく、命令形の英語を直接体に受け止めて、それに反応して言うことで、日本語を介在させることなく英語のみの直接法でのクラス活動を行えるようになります。

4. クラスでのコミュニケーション活動パターン

(1) 状況ベースの口頭での瞬間英作（生徒は宿題としてクラス外で練習して来ています）

このタイプの瞬間英作（ジョーデン本では Utilization という表現を使っています）を行うことで、実際の状況の中での会話で機能しやすくなります。使う状況が示されていて、それに対してしかるべき a) 発音・イントネーション、b) 文型的正しさ、c) 自然表現、d) 流暢さ（これらが評価基準となります）で言うことができれば、実際に英語会話で使う状況があれば相応に機能します（Utilization を ChatGPT で作る方法は、付録：I-10. 参照）。

【現実の英会話】
会話では必ず状況が背景にある
　　⇩
その状況に対して適切な英語を瞬間的に口頭でクリエイト

【Utilization】
説明文によって状況が示されている
　　⇩
その状況に対して適切な英語を瞬間的に口頭にてクリエイト

1)「あなたが住むシェアハウスのハウスメイトが、同じくハウスメイトのジョンはどこにいるかあなたに聞いた。**彼（ジョン）は台所にいる**と英語で答えなさい。」
　　⇩
生徒は上の状況を読み、瞬間英作で口頭にて英語で表現する。
（モデルアンサー：He is in the kitchen.）

2)「ドアを開けて外に出たら、前庭に子犬がいた。**犬が前庭にいる**ことを友人に伝え、**その犬はとても可愛い**ことを付け加えなさい。」
（モデルアンサー：A dog is in the front yard. The dog is very cute.）

3)「あなたの友人がテレビで野球の試合を熱心に見ています。**野球のファンかどうか聞きなさい。**」
（モデルアンサー：Are you a baseball fan?）

4)「友人のキムが、サリーはオーストラリア出身か、とあなたに聞いた。彼に、**サリーの出身はアメリカである**と伝え、**今京都にいる**ことを付け加えなさい。」
（モデルアンサー：Sally is from the US. She is in Kyoto now.）

5)「あなたは、友達から昨日転校してきた新入生がどこにいるか尋ねられた。**その生徒は今クラス（部屋）にいる**ことを伝えなさい。」
（モデルアンサー：The student is in the classroom now.）

生徒が英語を言った後に、先生はそれをベースに生徒たちにさらに英語で尋ねていくことにより、よりカンバセーショナルな言語活動にすることが可能です。

例として、前頁の2)の後に先生は、以下のように続けることが可能です。
(1) T（先生）：Ken, do you have a dog?
(2) S1（生徒）：No, I don't.
(3) T：Who has a dog?
(4) S2：Yes.
(5) T：You have an Akita, right?
(6) S2：I have a Shiba.
(7) T：Oh, I see. Keiko has a cat, right?
(8) S3：I'm not sure.
(9) T：Ask Keiko.
(10) S4：Keiko, do you have a cat?
(11) S5（Keiko）：No, I don't.

(2) リーディングの内容について英語でディスカッション
　既出のリーディングを使って以下のように述べてみます。この前の「(1) 状況ベースの口頭での瞬間英作」同様、生徒は宿題としてこの英文を読んで来ています。

> Yoko: Are you from New York?
> Tom: Yes, I'm.
> Yoko: So, are you a baseball fan?
> Tom: Actually, I'm a basketball fan.

リーディングに関しては、内容について英語にて口頭で尋ねたり答えたりすることでスピーキングとリスニングのスキルも伸ばせ一石三鳥です。

　リーディングを行う時は、一般に日本の学校で行われている、生徒に１文ずつ英語から日本語に訳させるといったような方法はとりません。そのメソッドでは、いつまでたっても暗号解きのようなスローなリーディングパターンから逃れるのは難しいし、もちろんそのメソッドを何年も続けても英語でコミュニケーションや議論はできるようにはなりません。一方、ここでご紹介するリーディングのメソッドを続けていけば、徐々に英語で会話、議論ができるようになって行きます。

　リーディングに関してのコンプリヘンションのチェックは、英語で生徒に質問し、生徒はその問いに対して英語で答える形で行います（注）。習得対象言語は習得対象言語のまま理解し、リーディングの読解力クイズ的な質問をオーラルで行い、それにオーラルで答えてもらえば生徒がどの位リーディングの内容を理解しているのかが分かるからです。ですので、リーディングはドリルのセッションで英語のみの直接法で行うのです。

　　注
　　　そのため、先生（ALTの先生も含めて）はどこまでの語彙が使えて、どこまでの文型文法が使えるか把握しておく必要があります。それらは日々変化していきますので、使える語彙、文法項目の一覧表を作っておいた方が無難です。

　前頁のような会話文の他に、エッセイ、物語を使い、それらの英文が生徒たちの机の上にあり、それをベースとして英語でやり取りを行います。生徒による日本語の書き込みはゼロのものを使います。

　英会話をベースの英語でのやりとりは以下の感じです。

例

(1)　T：Is Tom from Sydney?

(2)　S1：No, he is from New York.

(3)　T：Is Sydney in England?

(4)　S2：No, it's in Australia.

(5)　T：I see. So, is he a baseball fan?

(6)　S3：No, he isn't. He is a basketball fan.

(7)　T：Is he in America now?

(8)　S4：I'm not sure.（注）

(9)　T：Ask Yoko.

(10)　S4：Is Tom in America now?

（先生が「日本の写真」or「日本のイラスト」を見せる）

(11)　S5 (Yoko)：No, he is in Japan now.

注

　この「分からないです」を I don't know. と返事をすると幾分ぶっきらぼうな響きがあります。ここでの先生に対する返事は I'm not sure. の方が自然です。このように文法的な「正しさ」と共に「適切さ、自然さ」にもミスコミュニケーションを避けるためにこだわります。

　この状況に合わせて生徒に英語をクリエイトさせ、できるだけスムーズに喋らせる、つまり英語でのコミュニケーションを徐々にしかし着実に機能させるようにしていくためには、上記の I-1.～3. での活動（仕掛け）がいかに重要かお分かりいただけると思います。

5. 英語コミュニケーション活動時の先生の3つの役割

生徒にはあくまでもより"自然な英語"を求めます。それは文型や表現のみならず発音・イントネーションやボディー・ランゲージ等も含みます。しかし、生徒からは英語はすべてスムーズに自然な英語として出て来るわけではもちろんありません。先生がモデルを見せたりフィードバックをしたりすることは、コミュニカティブなクラス運営と両立させる必要があります。クラス・アクティビティーをより効果的、円滑に行うために先生はご自身の3つの役割を使い分ける必要があります（注）。

> 注
>
> 教える側である英語の先生のスピーキングの英語力が問題になることがよくあります。よってスピーキングは教えられないんだ、と。それは発想が逆だと思います。教えることで英語力は伸びていき、教えないと伸びない、です。他国ではとっくの昔に英語の4スキルの習得型英語教育に移行していますが、最初は少なからず英語の先生方も困ったと思います。しかし、実際に教えることで先生ご自身のスピーキングの英語力も伸びていきました。
>
> アメリカ国立訓練研究所（NTL）が学習方法と学習定着率の関係をピラミッド型の図で表現していますが、「講義」が5％、「読書」が10％、「視聴覚」が20％、「自らの体験」が75％で、「他者に教える」がなんと90％です。

(1) クラスルームマネージャー

1点目はクラスをマネージメントする役です（Classroom Manager）。指揮者的に、クラス・アクティビティーを先導し、その中で生徒にいろいろな指示を出します。前述の「(2) リーディングの内容について英語でディスカッション」の (9) T：Ask Yoko. がそれに当てはまります。

生徒へのいろいろな指示は、直接法のクラスですので基本英語でクラス運営を行います。

(2) カンバセーションパートナー

2点目は、生徒に対する英語での会話相手（Conversation Partner）です。前頁の「(2) リーディングの内容について英語でディスカッション」では以下が当てはまります。

(1) T：Is Tom from Sydney?
(2) S1：No, he is from New York.
(3) T：Is Sydney in England?
(4) S2：No, it's in Australia.
(5) T：I see. So, is he a baseball fan?
(6) S3：No, he isn't. He is a basketball fan.
(7) T：Is he in America now?
(8) S4：I'm not sure.

(3) モデル

3点目は生徒に対する英語のモデル（Model）です。英語が不正確であったり不自然であったりすれば、モデルを見せてこまめにフィードバックをします。

例えば、生徒からの英語 His pants are dirty. の pants [pænts] の [æ] 音に問題があった場合、pants の発音のモデルを聞かせリピートしてもらいます。他の生徒達に、T: pants, S: pants（T は先生で S は生徒）と機械的に振ってもよいですし、これ程単純なものであればクラス全体を T: pants, S: pants とメカニカルに練習させてもよいと思います。"モデル" は基本的には他の生徒になってもらう方が教育効果はさらに上がります。つまり、先生がいつも直ぐに "モデル" というか "答え" をあげないで、他の生徒からモデルや答えを引き出せればそれに越したことはないわけです。

このモデルを見せないと、生徒は何が正しくて自然で何がそうでないのか分かりません。逆に、生徒の英語が正しく自然であった場合、それを示す必要もあります。その場合は、先生が少しうなずくだけで生徒にはそのことが伝わり

ます。そして、先生がクラスで自然な英語にこだわり続ければ、生徒はクラスの準備で発音・イントネーション、スムーズさといった自然な英語に対してより気をつけて練習をしてくるようになります。

　英会話の流れが"先生から生徒"、"生徒から先生"のパターン同様、"生徒から生徒"のパターンも重要です。前述の「(2) リーディングの内容について英語でディスカッション」では下の箇所が当てはまります。

(9) T：Ask Yoko.

(10) S4：Is Tom in America now?

(先生が「日本の写真」or「日本のイラスト」を見せる)

(11) S5(Yoko)：No, he is in Japan now.

　しかし、クラス・アクティビティーを生徒同士のフリーなカンバセーションのような形にはしません。英語のコミュニケーションのクラスでよく見られる文型、発音・イントネーション、自然な英語表現に非常に問題が出てくる"野放し状態"になりやすいからです。よって、いくつかのグループに分けて練習させるアクティビティーはこのプログラムでは用いません。

　ドリルのクラスパフォーマンスは、できるだけ後のⅣ.の1.に紹介してあるデイリーグレードに記録します。

Ⅲ 文法のセッション＋クイズ

　文法のセッションの目的は、日本語を使って英語について議論をすることですので、クラスのサイズはドリルのセッションの2倍の人数でも機能します。また、クイズ類はこの文法のセッションで行います。

　この章のⅠの「1. しっかりした文法の説明」の内容をベースに具体的な手順を述べてみたいと思います。

1. 文法のセッションの内容

　文法のセッションではクイズを行うこともしますが、主な目的は日本語を使っての英語についての議論です。文法の項目は読んで理解させるいろいろな工夫をしていますが、それでも分かりにくい箇所はたくさんありますので、その問題点をこのセッションで細かく扱います。

　例えば、品詞と人称代名詞、冠詞、名詞の数に関して知識の不足が感じられると、それらをこのセッションでカバーします。ある文法の項目の理解が不足しているかどうかは、クイズの結果やドリルのセッションでの生徒のパフォーマンスで分かります。

　生徒も自由に質問ができ、サブテキストやプリントアイテムを読んでも分かり難い項目に関して、さらに掘り下げた議論ができます。

　基本、講義形式ではありませんので質問形式を多く用います。答えは、できるだけ生徒たちから引き出し、足りない部分を補足説明などで補います。

Sally is from the US. She is in Kyoto now.	「サリーはアメリカ出身です。（彼女は）今京都にいます」

T：「名詞とはなんだっけ？」
T：「このセンテンスではどれ？」
T：「She も名詞？」
T：「名詞と代名詞はどう違うの？」

A dog is in the room. The dog is very cute.	「犬がその部屋にいます。その犬はとてもかわいいですよ」

T:「とサブテキストにあるけど、a dog と the dog はどう違うの？」

　理解をより確保したら、先生が日本語で言って、それをメカニカルに英語でパッパと言ってもらいます。
T:「犬」
S1：a dog（dogs も可能ですが、dog は不可とします。dog は1語単独では物質
　　名詞になり「犬肉」となります）
T:「その犬」
S2：the dog
T:「猫（複数）」
S3：cats
T:「その豚たち」
S4：the pigs

　人称代名詞の場合も同じパターンです。
T:「私は〜です」
S5：I am 〜
T:「私たちは〜です」
S6：We are 〜
T:「彼女は〜です」
S7：She is 〜
T:「彼らは〜です」
S8：They are 〜

　否定文も疑問文も be 動詞の短縮形も、これらをミックスしたものも同じパターンで行います。

さらに難度を上げてセンテンス単位にすることも可能です。

T：「犬がその部屋にいるよ」
S9：A dog is in the room.
T：「その犬、かわいいね」
S10：The dog is cute.

2. 文法のクイズ

　生徒にはできるだけクラス外で文法項目を読んで理解させます。そのためのしかるべきサブテキストやプリントアイテムが必要です。文法をより理解させるにはクイズを行うことです。クイズはサブテキストやプリントアイテムを読んで理解しないと答えられないもので、クイズの質問はすでに生徒に与えておきます。サブテキストやプリントアイテムを読んで理解することで、答えが分かるようにします。そして、実際のクイズは数分くらいで終わるようにそれらの中から2問ほど出します。

　文法のクイズは以下のようになります。

1）以下の（　）に下から適切な語（句）を選んで書き入れなさい。（ねらい：基本的文法用語の定着）

---

1. The <u>PC</u> <u>is</u> <u>very</u> <u>nice</u>.
　　(1) (2) (3) (4)

(1)
(2)
(3)
(4)
a. 動詞、b. 形容詞、c. 名詞、d. 副詞

2. Mary is a doctor.
　　(1)　(2)　(3)

(1)

(2)

(3)

a. 補語、b. 主語、c. be 動詞

2) 日本語訳と同じになるように英語の語句を入れ、品詞名を書きなさい。

| Tom is (　　　　　).「トムはお医者さんだ」（品詞名：　　　） |
| They are (　　　　　).「彼らは背が高い」（品詞名：　　　） |
| The students are (　　　　　　).「生徒たちは教室にいる」（品詞名：　　　） |

3) 以下の会話ベースの質問に答えなさい。

1. Are you good at cooking?
-Yes, I am.

a) good at を使って他の英文を書きなさい。　_____

（例：答え：Are you good at swimming?）

b) Yes, I am. の否定文を書きなさい。_____

（例：答え：No, I'm not.）

c) Are you good at cooking? の you が「あなたたち」の意味の場合の肯定文の答えを書きなさい。

_____

（例：答え：Yes, we are.）

2. Are you a basketball fan?

-No, I'm not. I'm a baseball fan.

a) you が「あなたたち」の意味でこのセンテンスを書き換えなさい。

_____

（例：答え：Are you basketball fans?）

b) you が「あなたたち」の意味で使われている場合、答えの部分を書き換えなさい。

_____

（例：答え：No, we're not. We are baseball fans.）

c)「私はサッカーファンだ」の意味の英文を書きなさい。

_____

（例：答え：I'm a soccer fan.）

次の 3. リーディングのクイズ / リスニングのクイズと 4. ライティングのクイズの制作は、ChatGPT などの AI を援用します。

注

　その他にリーディングの対象となるストーリー、エッセイの制作にも ChatGPT などでの AI 援用も可能です（「小学校で導入済みの語彙」＋中学でのカバー範囲を使います）（付録：III 参照）。副教材として読本などを使えば、未習の文法項目や語彙が入っている可能性が高く、その点が大きな問題ですが、ChatGPT ではプロンプトでその未習項目を消してもらいます。原則は既習の文法項目や語彙を繰り返し使います。「繰り返し」が語学習得の極意です。また ChatGPT ですが、PC パッドやスマートフォン等を使ってかなりリアルな英会話ができるようになっています。会話記録も残りますので、会話の復習も可能です（付録：I.-3. 参照）。

3. リーディングのクイズ / リスニングのクイズ

以下の会話をリーディングするかリスニングします。

> Yoko: Are you from New York?
> Tom: Yes, I'm.
>
> Yoko: So, are a baseball fan?
> Tom: Actually, I'm a basketball fan.

上の会話文に対して書いて答えますが、答えは日本語でも英語でも可能ですが、後者はよりライティングに近くなります（付録：I.-7. 参照）。

1) Tom の出身はどこですか？ _____
（例）日本語での答え：ニューヨークの出身です。
（例）英語での答え：He is from New York.

2) Tom は野球のファンですね？（No の場合は、どのスポーツのファンか答えなさい）_____
（例）日本語での答え：いえ、バスケットボールのファンです。
（例）英語での答え：No, he is a basketball fan.

4. ライティングのクイズ

4つ目のスキルのライティングもカバーします。

1) 自分がどのスポーツのファンであるか英語で書きなさい。

_____.

（解答例：I am a soccer fan.）

2）今あなたがどこにいるか英語で書きなさい。

　　＿＿＿＿＿＿＿＿＿＿＿＿＿．

（解答例：I am at school.）

　学年が上がると、メモやSNSへの書き込み、電子メールなども扱います。その場合もChatGPTを使ってトピックを提供してもらえます。そして、例えば「アマゾンの熱帯雨林破壊に関する問題」を扱ったリーディング／リスニング（ChatGPTにこのトピック、レベルを指定すれば、しかるべきビデオを探してくれます）を行ったら、それに関しての短い感想を英語で生徒に書かせてもよいわけですが、その熱帯雨林に関するパッセージをChatGPTにコピペして、ライティングのトピックを作ってもらうことも可能です（付録：I.-8., 9. 参照）。

　ショートエッセイの場合は、
1）　生徒たちはノートにショートエッセイを書きます。
2）　書き終わったら写メを撮り、ChatGPTで文字起こしをさせ添削してもらいます。その際、添削レベルを指定します。英検3級レベルであれば「CEFR A1レベルで」と指定します。
3）　その添削後のエッセイを基に、生徒たちは自分の手書きのエッセイを赤ペンを使って修正を行います。
4）　それを先生に提出します。

Ⅳ 評価法（デイリーグレード、中間、期末テスト）

1. デイリーグレード

　生徒に効率的に英語の習得作業をさせるための成績の付け方と週間スケ

ジュールの使用は以下になります。

　成績は毎回のドリルのセッションに対して付けます（デイリーグレード）。項目は、クラスの準備関連、クラスパフォーマンス、ショートクイズ等です。

　ティーチングプランは、生徒がクラス・アクティビティーの準備をして来ていることを前提に作りますので、もし生徒がクラスの準備をして来ていないとなると、クラスのアクティビティーではかなり機能しなくなります。またデイリーグレードは、ウィークリー・リポートとしてその週の成績記録とそれまでの合計成績を生徒に配って知らせますので、クラスへの準備をして来ないと大きな成績のロスになることを生徒は実感できるようになっています。ですので、英語圏でのジョーデンメソッドによる日本語教育では、生徒はできるだけしっかりとクラスの準備をして来るのです。

　中間・期末テストでも当然成績が出ますが、テストは日頃の英語の４スキルの習得作業の中にさらに復習させる機会を与えるという位置づけですので、日頃の英語のクラスの習得作業、クラスパフォーマンスの方がメインです。それは当然成績の点数の配分となっても反映されます。

　スケジュールはウィークリースケジュールを使い、週末までに次週のスケジュールが分かるようにします。このスケジュールシステムで、生徒に問題の出た難しい箇所、かなり忘れてしまっている箇所に自由に戻っての復習が可能となります。

　成績記録表、週間成績リポート、週間スケジュールは以下のようになります。

(1) 成績記録表
　デイリーグレードの項目である、暗記、クラスパフォーマンス、リーディングは、記憶のまだ新しいクラスの終了直後に記録しますが、先生の記憶の中で生徒の名前と顔が一致しなければそれはできません。ただし、今はこの作業も電子機器で簡単にできるので、クラスが行われている最中でもできますが、成績をつけている行為を生徒たちに分からないようにする必要があります。

(M＝暗記、C＝クラスパフォーマンス、R＝リーディング、H＝宿題、Q＝クイズ、O＝その他)

生徒名	曜日						曜日						Total
	M	C	R	Q	H	O	M	C	R	Q	H	O	
山田太郎	4.6	4.3			4.8	3.8	4.7	4.3	4.5			4.6	
B													

(2) 週間成績レポート

　上の成績記録表から生徒の成績を下記のように写したものが週間成績レポートとなります。日付、それぞれのアイテムの成績、その週全体の成績を知ることができるのみならず、それまでのすべての成績の合計が分かるようになっています（今は、成績管理は簡単にできるので、デイリーグレードを電子メールで即日生徒たちに知らせることも可能です）。

<u>名前：山田太郎</u>

	暗記	クラスパフォーマンス	リーディング	クイズ	宿題	その他
曜日	4.6	4.3			4.8	3.8
曜日	4.7	4.3	4.5			4.6
週間小計			学期合計			
Comment						

2. 中間・期末テスト
(1) スピーキングのテスト
スピーキングのテストも当然クラス活動の延長です。基本3種類あります。

①状況ベースの瞬間英作（この章Ⅱの4.-1) を参照）
②リーディングの内容について英語でディスカッション（この章Ⅱの4.-2) を参照）
③一般的質問への英語での応答

③は以下の例のような質問に対して、英語で説明します。クラスでカバーするレベル次第で、複数の英語のセンテンスで答えます。この質問も ChatGPT に作ってもらえます（付録：I-11. 参照）。ChatGPT のよいところは、こちらがコマンド（例えば「〇〇の単語を使わないで作り直して」）を出して、何度でも作り直してくれることです。

> 1. What are your plans to do this summer?
> 2. Are you a member of any club?
>   Yes: Tell me about your club.
>   No: What do you like to do at home?

中学でも、生徒たちのレベルがかなり上がってくれば次の章で紹介している「通訳式オーラルテスト」と「インタビューテスト」を導入します（3章のV-2.を参照）。

(2) ペーパーテスト
ペーパーテストのリスニング、リーディング、ライティングはこの章のⅢ.-3,

4にあるクイズと形式が基本的には同じです。いずれのパートもクイズよりは問題が多めに、そして時間が長めになります。

リスニングのパートはテストの最初に持ってきます。ですので、ペーパーテストはまず英語を生徒に聞かせて、問題に対して答えを書いてもらうところから始まります。

ペーパーテストの例：

1) リスニングのテスト

リスニングのテストは、既出の語彙、文法項目をベースにChatGPTに作ってもらうことが容易になっています（付録：I-12. を参照）。音声データ作りも他のAIを使えば容易にできます。

質問形式は、短いシンプルな会話からより長い会話があり、会話ではないモノローグのラジオニュース形式のものなども、クラスのレベルが上がれば加わります。そのそれぞれのリスニングに対して、1問から数問の質問がテスト用紙に書かれています。リスニングのクイズの所でも触れてありますが、生徒に英語を聞かせるのは1度のみとします。受験での英語のリスニングでは、受験生は2度同じものを聞かされることが多いのですが、実生活ではそっくり同じ英語を繰り返してくれるシチュエーションはほとんどありませんので、やはり非現実的・非実践的と言われても仕方がないと思います。

2) 文法のテスト

2ヶ月分の文法の項目をカバーしますので、クイズよりは量がかなり増えます。これもChatGPTに作ってもらうのは容易です（付録：I-14. 参照）。

3) リーディングのテスト

教科書のパッセージが使えますが、既習の語彙、文法項目内での電子メール、レター、エッセイ等をChatGPTに作ってもらい、それらの内容についての質問も作ってもらいます（付録：I-13, 15. 参照）。

4) ライティングのテスト

　内容はこれもクラスのレベルにもよりますが、語のスペルチェック、日本文からの英訳、電子メール、レター等を英語で書きます（付録：I-8. 参照）。

(3) テストレポート

　オーラルテストとペーパーテストの結果は、以下のテストレポートと共に生徒に返します。どのパートのどのポイントが弱いのかが生徒にクリアーに分かるようになっています。これも Google Form, Google Classrooms などを使って、クラス管理、制作、生徒への送付を行えば時間やエネルギーが節約できて効率的です。

中間テストレポート

名前：山田太郎

＜オーラルテスト＞	
① 発音・イントネーションの自然さ	17/20
② 文型文法の正しさ	8/10
③ 表現力、表現の自然さ	7/10
④ 流暢さ	8/10
⑤ ボディー・ランゲージ等のインターアクションの自然さ	8/10
小計	48/60　B
＜ペーパーテスト＞	
① リスニング	10/10
② 文法	9/10

③ リーディング	9/10
④ ライティング	8/10
小計	36/40　A

合計	84/100　B+

コメント：

V　週間スケジュール

　クラスは、最初の 35 分位がドリルのセッションで、最後の 15 分位が文法のセッションで、ドリルと文法の両方で 50 分（1 時限）のクラスとなっています。クラス全体を文法のクラスとすることも可能です。例えば、週 7 時限ある場合は、ドリルのクラスを 5 時限、文法のクラスを 2 時限、というパターンもあり得ます。
　生徒は以下のすべてのアイテムはクラスに来る前に準備をします。文法の項目を読んで理解することと、しかるべきセンテンスの暗記、リーディングであればしかるべき箇所を読み、分からない部分を調べてクラスに臨みます。

	メイン テキスト		クイズ	宿題	その他
○曜日	p228〜233			ライティング	
○曜日		p135〜136	文法クイズ p221〜233		
○曜日	p234〜237				

VI コースシラバス

　このコースの目的は、あくまでも "生徒の英語の4スキルのバランスのよい習得" です。ですので、クラスの準備、クラス・アクティビティー、クイズやテスト等はすべてその目的のために行われるものです。この章では一貫してこの目的のための方法論を述べてきましたが、この英語プログラムのコースシラバスは、ある意味この章でご紹介したI~IV.の項目にある "方法論" を非常にコンサイスにまとめたものとなります。

English 102

I コースの目的

この英語のプログラムの目的は、英語の4スキルであるリスニング、スピーキング、リーディング、ライティングの習得レベルをバランスよく上げることである。つまり、英語の文法、単語・熟語の知識を増やすだけではなく、それを使えるようにすることも目的とする。

1. このコースでは、まずオーラルコミュニケーションスキルの習得にフォーカスする。レベル的にはCEFR A1のオーラルスケールのレベルのクリアを目標とする。

2. リーディングスキルとライティングスキルは、オーラルで学んだ文法と単語・熟語等をベースとして習得する。ライティングでは英語で簡単なメモを書けるレベルにする。

3. 自然な英語発音を目指す。

4. 英語の言語文化関連では、日本語と英語の言語文化の違いを理解し、文型的に正しい英語のみならず自然な英語の習得を行う。

II 教材
1.
2. ○○○△○○△○△○○○△△○△○○○△△○△○○○△△

III 評価
1. クラスへの予習
このプログラムでのクラス活動は、生徒の予習を前提に行うので、クラスの準備は重要である。毎回、デイリーグレードが記録され、その週の成績とそれまでの成績の合計が生徒に知らされる。

2. クラスポリシー
(1) それぞれの宿題は期間内に提出が求められている。期限後の提出は5割が引かれる。
(2) ドリルのセッションでは英語のみ使える。日本語の使用は基本禁止。
(3) 文法のセッションでは、日本語で"英語について"ディスカッションをする形式なので、英語の疑問点はこのクラスで質問すること。

3. 成績構成
(1) デイリーグレード（パフォーマンス、暗記、クイズ、宿題等）65%
(2) テスト
1) 中間テスト（オーラルテスト、ペーパーテスト）　　　15%
2) 期末テスト（オーラルテスト、ペーパーテスト）　　　20%

　　　　　　　　　　　　　　　　　　　合計：　100%

4. 成績のスケール

87.5~100%	5
75~87.4%	4
62.5~74.9%	3
50~62.4%	2
0~49.9%	1

IV. 週間スケジュール

毎週末に翌週分の週間スケジュールが知らされる。

重要なのはいかに生徒から状況に応じた英語をたくさん引き出すか、ということです。
　生徒に英語をクリエイトさせることは決してやさしいことではありません。しかも、オーラルでは英語のクリエイトは瞬時に行わなくてはなりませんので、ドリルのセッションでは、当然先生の側のかなりの辛抱強さや忍耐強さが要求されると思います。かなりの困難を伴う学校もたくさんあるわけです。しかし、英語の「紹介」が目的ではなく「習得」が目的であるのなら、生徒から英語を引き出すタイプのクラス運営にこだわり続けるべきです。
　このメソッドでの勉強法は、北米の生徒たちにできて日本の生徒たちにできないはずはないと私は単純に思いますし、生徒の英語の履修年数が非常に長く、世界言語となっている英語の習得に対するモチベーションが高いことから考えると、日本の英語教育の方が北米の日本語教育よりさらに上の成果が期待できるとさえ私は思っています。

第3章　ジョーデンメソッド援用法＋ChatGPTによる高校/大学英語教育

I　ドリルのセッション

　ティーチングプラン作りでは、レッスンポイントの理解、いかにコミュニカティブな教案を作成するのかが英語のクラス運営の質を大きく左右することになります。具体的な例で説明するために拙著『完全マスター英文法』（語研）の一部を使いたいと思います（英語に対応する日本語部分には、英語を使う状況、背景が付け加えられています）。

1. クラス外での準備（予習）

　この日のクラスは下のアイテムをカバーするとします。生徒は、①説明されている文法の理解、②右の英語部分を隠して左の「状況ベースの口頭での瞬間英作」をトライし、③言えなかった英語だけ音読で暗記し、音声データを使って英語を聞いてリピーティングし、スピード、発音の仕上げをします。こういった予習抜きでオーラルスキル（や勿論ライティングのスキル等も含みますが）を伸ばそうというのは、きちんとしたピアノの家庭練習抜きで、ピアノ教室でピアノの前に座ればピアノが自然と弾けるようになると考えるのと同じで、余りに非現実的なのです。

　ちなみにChatGPTを使って、英文が使われる状況を日本語で作ってほしい場合、「このセンテンスを使う状況を日本語でください」とのプロンプトで作ってくれます（付録：I-10参照）。

(1) 常に複数形の名詞
1) 対になっている衣類、器具を、数える時はa pair ofを使い、一対で1単位です。

a pair of gloves / pants / shoes / stockings, two pairs of glasses 等があります。

あなたが何かを探していて、ルームメイトのトムが怪訝な顔をしている。**昨夜手袋を無くしたことを報告しなさい。**	I lost <u>a pair of gloves</u> last night.

　上の例文のようなケースでは、a pair of gloves より簡略化された my gloves の方が普通です。

ホストファミリーの子供が遊びから帰ってきた。**ズボンがとても汚れている**と伝えなさい。	<u>Your pants</u> are very dirty.

　このケースも、実際には a pair of pants を使うより、Your pants の方が普通です。
　また、「乱雑」であれば messy を使います。dirty は dirt からのイメージでの汚れです。

ラマの部屋にリズと一緒に入ったら、物で溢れており整理整頓されていない感じ。思わず（彼の）**部屋はとっても汚い**とリズに言いなさい。	His room is really <u>messy</u>.

　似たような例で、"狭さ" も英語では2通りあります。下の最初の文が narrow で "幅の狭さ"、2つ目が small で "面積の狭さ" を表します。

道が狭く車一台がやっと通れるほど。**この道狭いね**、と一緒に歩いている友人に言いなさい。	This street is <u>narrow</u>.
賃貸のワンルームマンションを友人と見に	This room is <u>small</u>.

行った。所有の家具が全部入りそうもない。**この部屋は狭いと友人にコメントしなさい。**	

2) -ings, -ables で終わる名詞は複数扱いです。

彼女は今年から副業もしている。同僚に、**彼女の稼ぎは今年はより多いことを伝えなさい。**	Her <u>earnings</u> are higher this year.

(2) 単複同型の名詞

1) 群居性の魚や動物

deer, fish, salmon, sheep 等。

釣りにはときどき行く。しかし、**鮭は釣ったことがないと友人に伝えなさい。**	I have never caught <u>a salmon</u>.（単数）
理科の先生のあなたが生徒たちに魚の説明をしている。**魚は一般的には鱗に覆われていると生徒たちに言いなさい。**	<u>Fish are</u> usually covered with scales.（複数）

2) Chinese, Japanese, British, Dutch 等。

今年入社の数人の中国人たちは、皆とてもよく働く。**中国人はよく働く国民だね、と同僚にコメントしなさい。**	<u>The Chinese are</u> a hard-working people. (「人びと」の意味であればaは省略できます)

3) その他

(air)craft, means, percent, species 等。

友人が仕事を探す時は給料が一番重要だと言った。**自分にとってお金は単に手段に過ぎない**、とその友人に返事をしなさい。	To me, money is merely a <u>means</u> to an end.（単数）
環境破壊、乱獲、気候変動などは大きな問題。ある国の大統領は森林伐採などにつながる政策に熱心だ。**多くの動植物の種が野生での存続が危ぶまれている**のに、と友人に言いなさい。	Many <u>species</u> are threatened in the wild.（複数）

(3) 固有名詞と the

固有名詞に the が付く場合。

1) the ＋ 人名 ＋ 複数

あなたの友人がパーマー家の人々を最近見ないけどと言った。彼女に、**パーマー家の人々は先月カリフォルニアに引っ越したの**だと言いなさい。	<u>The Palmers</u> moved to California last month.（moved out to California も可です）

　アメリカは東部からかつてのフロンティアの地である西部へ引っ越す場合、move out to が可能です。また、「北部へ」であれば move up to、「南部へ」であれば move down to が可能です。

2) 地名(国名)に the がつく場合

(a)[the ＋形容詞＋単数名詞] (the Red Sea 等)、(b)[the ＋固有名詞＋普通名詞] (the Tone River, the Atlantic Ocean 等)、(c)[the ＋ 名詞 ＋ of ＋ 名詞] (the District of Columbia, the Bank of Canada 等)、(d)[the ＋複数形名詞] (the Hawaiian Islands, the Philippines, the Alps 等)

中東に旅行に行ったあなたに、友人が中東の人たちはどうだった？と聞いた。**中東の人びとはショッピングが好きであること**を友人に言いなさい。	People in the Middle East love shopping. (a)
友人と高い山々と美しい風景に囲まれた場所にいるとき、**ほとんどロッキー山脈にいるみたいだ**と言いなさい。	It's almost like being in the Rocky Mountains. (d)

(i) 一般論として、①より身近な地域の地理的名詞、②より範囲を明確に示せる地理的名詞はゼロ冠詞です。ただし、これらも前述の2) の (a), (b), (c), (d) のケースに当てはまる場合は the がつきます。

①駅、港、空港、公園、道、広場、学校：Tokyo Station, Pearl Harbor, JFK Airport, Hyde Park, Park Avenue, Times Square, Harvard University（Harvard University は私立大ですが、州立大学には the University of Michigan のように the の付く大学と、Michigan State University のように the が付かない大学があります。ちなみに、「東京大学」は公立なので the University of Tokyo となります）等。

②国、郡、市、町、島、小さい湾、地域、湖、山：China, Orange County, Chicago, Williamstown, Greenland, Tokyo Bay, Lake Michigan, Mt. Everest 等。

(ii) ニューヨーク州との区別のため New York City（NYC）とする場合が多いですが、前後関係で分かればニューヨーク市を New York とする場合もあります。ちなみに Washington（より正確には the State of Washington）は西海岸にあるワシントン州で、アメリカの首都で東海岸近くにあるワシントン市は Washington DC（DC は District of Columbia の略）です。

あなたと知り合いが旅行の話題で、ニューヨークに関連することを話した。**ニューヨークに行ったことがあるか**聞きなさい。	Have you ever been to New York City?

(iii) ビル等の建造物の名前には the が来ます（the British Museum, the White

トムにニューヨークのどこに行ったか聞かれ、**セントラルパーク、自由の女神、エンパイアステイトビルディングに行ったことを伝えなさい。**	I toured Central Park, the Statue of Liberty and the Empire State Building.

House, the Washington Monument 等）。

(iv) さらに the が付くケースは②でないこと、つまりサイズが明確ではないことが目安となりますが、砂漠、川、海、半島、大きい湾、海峡等がこれに当てはまります：the Sahara (Desert), the Mississippi (River), the Pacific (Ocean), the Malay Peninsula, the English Channel 等。

あなたの友人が、リリーは内陸育ちなんだってね、とあなたに聞いた。**彼女は太平洋は見たことがない、**と言いなさい。	She has never seen the Pacific (Ocean).

(v) 地球は Earth と the earth の両方ありますが、Earth の方は他の惑星 Venus, Mars（大文字で冠詞が無い理由は、ギリシア神話の神々の名から来ていて固有名詞だからです）等に対応し、the earth は 目に見える環境 the moon, the sun, the land, the sea, the sky, the world, the universe 等に対応しています（the Earth, the Moon, the Sun も見られます）。

星空がきれいだったと友人に言ったら、友人に、月が出てなかったんだねと返事をされた。**その夜月は出ていた**ということを伝えなさい。	The moon was out that night.
冬の最中、あなたのルームメイトが夜中の２時過ぎにベランダに出て立って外を見つ	What on earth are you doing?（実際の地球ではなく the が

めている時、**一体全体何をしているのか聞**きなさい。	ないケースです）

　この英語をクリエイトする作業では、日本語で状況が示されていています。まず、状況を思い浮かべながら英語が口頭で直ぐに出て来るかトライしてみます。その言いたいことの英語表現とか文型パターンが脳にあれば直ぐに言えるはずです。言えなければその英語表現や文型パターンは脳にはないということですので、簡単に言えるようになるまで練習します。つまり、この作業は自分にない英語表現や曖昧な文法アイテムを炙り出して、それらを練習によって脳に貯めていく作業で、非常に効率よく"使える英語"のインテイクができるようになっています。

サブスティチューションドリル
　次に、口慣らしが主な目的のパターンプラクティスドリルです。（作り方は、付録：I-6 を参照、練習の仕方は2章 I.-3 参照）。

Substitution Drill – Audio-Lingual Method

A：
(1) I have been to New York. (Statue of Liberty)
私はニューヨークに行ったことがあります。
(2) I have been to the Statue of Liberty. (Central Park)
私は自由の女神に行ったことがあります。
(3) I have been to Central Park. (Middle East)
私はセントラル公園に行ったことがあります。
(4) I have been to the Middle East. (Rocky Mountains)
私は中東に行ったことがあります。

> (5) I have been to the Rocky Mountains. (Nile)
> 私はロッキー山脈に行ったことがあります。
> (6) I have been to the Nile. (Sahara)
> 私はナイル川に行ったことがあります。
> (7) I have been to the Sahara. (Philippines)
> 私はサハラ砂漠に行ったことがあります。
> (8) I have been to the Philippines. (Korea)
> 私はフィリピンに行ったことがあります。
> (9) I have been to Korea.
> 私は韓国に行ったことがあります。

2. ドリルのセッションのアクティビティー

　このドリルのセッションでは基本英語のみの直接法です。クラスルームでの先生から生徒への指示（クラスルームインストラクション）ももちろん英語です。

　繰り返しになりますが、ドリルのセッションで最も重要なのは、生徒にスピーキングをさせることです。つまりいかに生徒から英語を引き出せるかがプログラムの成否を決定付けると言っても過言ではありません。どうすれば生徒から状況に応じたより自然な、そしてよりスムーズな英語を引き出すことを可能にするプログラムにしていくか、以下に具体的に述べてみたいと思います。

(1) クラスが始まる少し前

　クラスの時間が始まる前、生徒には英語で話しかけます。内容は今までの復習で、実生活に即した軽い内容のものにします。クラス時間内での英会話ではありませんが、それでも間違った英語や表現できなかった英語に対してはモデルを見せます。

(2) ドリルのセッションの進め方

その日のレッスンで、「(1) 常に複数形の名詞」「(2) 単複同型の名詞」「(3) 固有名詞と the」の範囲の英語をカバーすると仮定すると、それらから抜き出した以下の日本語が各生徒の端末で見ることができるようにしておきます。

1. あなたが何かを探していて、ルームメイトのトムが怪訝な顔をしている。**昨夜手袋を無くしたことを報告しなさい。**

2. ホストファミリーの子供が遊びから帰ってきた。**ズボンがとても汚れていると伝えなさい。**

3. ラマの部屋にリズと一緒に入ったら、物で溢れており整理整頓されていない感じ。思わず**（彼の）部屋はとっても汚いとリズに言いなさい。**

4. 道が狭く車一台やっと通れるほど。**この道狭いね、と一緒に歩いている友人に言いなさい。**

5. 賃貸のワンルームマンションを友人と見に行った。所有の家具が全部入りそうもない。**この部屋は狭いと友人にコメントしなさい。**

6. 彼女は今年から副業もしている。同僚に、**彼女の稼ぎは今年はより多いことを伝えなさい。**

7. 釣りにはときどき行く。しかし、**鮭は釣ったことがないと友人に伝えなさい。**

8. 理科の先生のあなたが生徒たちに魚の説明をしている。**魚は一般的には鱗に覆われている**と生徒たちに言いなさい。

9. 今年入社の数人の中国人たちは、皆とてもよく働く。**中国人はよく働く国民だね**、と同僚にコメントしなさい。

10. 友人が仕事を探す時は給料が一番重要だと言った。**自分にとってお金は単に手段にすぎない**、とその友人に返事をしなさい。

11. 環境破壊、乱獲、気候変動などは大きな問題。ある国の大統領は森林伐採などにつながる政策に熱心だ。**多くの動植物の種が野生での存続が危ぶまれているのに**、と友人に言いなさい。

12. あなたの友人がパーマー家の人々を最近見ないけどと言った。彼女に、**先月カリフォルニアに引っ越したのだ**と言いなさい。

13. 中東に旅行に行ったあなたに、友人が中東の人たちはどうだった？と聞いた。**中東の人びとはショッピングが好きである**ことを友人に言いなさい。

14. 友人と高い山々と美しい風景に囲まれた場所にいるとき、**ほとんどロッキー山脈にいるみたいだ**と言いなさい。

15. あなたと知り合いが旅行の話題で、ニューヨークに関連することを話した。**ニューヨークに行ったことがあるか**聞きなさい。

16. トムにニューヨークのどこに行ったか聞かれ、**セントラルパーク、自由の女神、エンパイアステイトビルディングに行ったこと**を伝えなさい。

17. あなたの友人が、リリーは内陸育ちなんだってね、とあなたに聞いた。**彼女は太平洋は見たことがない、と言いなさい。**

18. 星空がきれいだったと友人に言ったら、友人に、月が出てなかったんだねと返事をされた。その夜**月は出ていた**ということを伝えなさい。

19. 冬の最中、あなたのルームメイトが夜中の2時過ぎにベランダに出て立って外を見つめている時、**一体全体何をしているのか聞きなさい。**

　生徒の机の上には端末以外のテキスト、ノート、ペン類は一切置きません。理想的にはクラスのレイアウトは一列の（半）円形です（2章Ⅱ-1.のクラスのイラスト参照）。文法のクラスでは生徒はノートをとる必要のある場合もありますが、ドリルのセッションで問題のあった箇所は後でテキストのしかるべき箇所を読んで思い出せばよいわけですし、次からは忘れないようさらにしっかり読んでドリルのセッションの準備をすればよいわけです。
　ドリルのセッションの進め方は以下のように1）ウォームアップ、2）暗記チェック、3）シナリオドリルの3つのパートに分かれています。
1）ウォームアップ
　クラスの最初の2分から3分はウォームアップ的なドリルを行います。そのウォームアップには、その日にカバーすべき単語や文型等が入ります。簡単なもので、単調な英会話といった感じです。
例えば「(3) 固有名詞と the」の文法項目を使えば以下のような感じになります。
　黒板に、ビジュアルエイドとして地名や観光名所を示した地図があります。

T（先生）: Have you ever been to New York City?
S（生徒）1: Yes, I have.
（この T→S から S→S にスイッチし、T が地図上の場所を指します）

S2: Have you ever been to Mississippi?

S3: No, I haven't.

S4: Have you ever been to the Middle East?

S5: I've never been there.

S6: Have you ever been to the United States?

S7: Yes, I have.

T: When did you go there?

S7: When I was a junior high school student.

2）暗記チェック＋コミュニケーション

　端末に、状況ベースの瞬間英作のための日本語があり、それを口頭で英語で言います。クラスではそれらのすべての英文をカバーする必要はありません。その中から、より重要性の高いものを選んで生徒が練習・暗記をして来ているかざっとチェックします。そしてそれをベースにコミュニケーションへとつなげていきます。例えば、P71にある2.をチェックすると以下のようなパターンになります。

① T: OK, No.2. Yukiko?

② S1: Your pants are very dirty.

　ここでのポイントは例えば、1点目にペアとなっているもの（メガネやジーンズ等）は複数となる名詞であること（この場合は当然テキストに a pair of などの部分詞のパターンも紹介され、生徒はそれを"理解"し"練習"して来ています）。そして2点目は、「ズボン」は英語ではなく pants が正しい英語だということ。3点目は jeans（ジーンズ）も pants に含まれるということ。4点目は、日本語の「汚れている」は、英語では dirty と messy を使い分けるといった違いがあることです（この1例から見ても分かるように、ポイントはすべて日本語とのズレから来ています）。そして、以下のように会話も入れてつなげることができます。

③ T: No. 3. How do you say it in English?
④ S2: His room is very messy.
⑤ T: How about your room?
⑥ S3: My room is very clean.

このように、よりコミュニカティブなドリルになるように心がけ、どんどん会話をつなげていきます。

3）シナリオドリル
　英会話での"状況"はビジュアルエイドや英語でのインストラクションで示していきます。そして、生徒から英語を引き出すようにシナリオを組んでいきますが、生徒が常に質問に答える側にならないよう（つまり T→S のみならず、S→T や S→S のパターンも使うよう）に気をつけます。
　ティーチングプランの作成にあたっては、前述の19あるセンテンス、文法のアイテムからシナリオの流れを考えますが、例えばこれからアメリカ人家庭のパーティーに行くという設定にするとします。その状況は、先程述べたように英語の説明が生徒に分かる範囲であれば英語で簡単に説明してもよいですし、ビジュアルエイド等で状況を見せてもかまいません。そして、先生は英語での会話の相手としてポストイット等を使って役割を頻繁に変えます。例えば、一緒にパーティーに行くよう誘われるアメリカ人学生の友人だったり、パーティーをする所に行ったらパーティーのホスト役に変わったりします。生徒も同様に、いろいろに役を変えていきます。その中で、生徒から状況の変化に応じた英語を引き出していきます。
　まず、1.から5.のセンテンスはパーティーに誘うために訪ねて行ったアメリカ人の友人の部屋に入った時のシーンを作れば使用・応用ができそうです。

1. あなたが何かを探していて、ルームメイトのトムが怪訝な顔をしている。**昨夜手袋を無くしたことを報告しなさい。**

2. ホストファミリーの子供が遊びから帰ってきた。**ズボンがとても汚れていると伝えなさい。**

3. リズとラマの部屋に入ったら、物で溢れており整理整頓していない感じ。思わず（彼の）**部屋はとっても汚いとリズに言いなさい。**

4. 道が狭く車一台やっと通れるほど。**この道狭いね、と一緒に歩いている友人に言いなさい。**

5. 賃貸のワンルームマンションを友人と見に行った。所有の家具が全部入りそうもない。**この部屋は狭いと友人にコメントしなさい。**

そして、12.から17.辺りはアメリカ人家庭でのパーティーでのシーンと関連付けて使用・応用ができそうです。

12. あなたの友人がパーマー家の人々を最近見ないけどと言った。彼女に、**先月カリフォルニアに引っ越したのだと言いなさい。**

13. 中東に旅行に行ったあなたに、友人が中東の人たちはどうだった？と聞いた。**中東の人びとはショッピングが好きであることを友人に言いなさい。**

14. 友人と高い山々と美しい風景に囲まれた場所にいるとき、**ほとんどロッキー山脈にいるみたいだと言いなさい。**

15. あなたと知り合いが旅行の話題で、ニューヨークに関連することを話した。**ニューヨークに行ったことがあるか聞きなさい。**

16. トムにニューヨークのどこに行ったか聞かれ、**セントラルパーク、自由の女神、エンパイアステイトビルディングに行ったことを伝えなさい。**

17. あなたの友人が、リリーは内陸育ちなんだってね、とあなたに聞いた。**彼女は太平洋は見たことがない、と言いなさい。**

まず1.から5.のセンテンスですが、シナリオドリルの第1シーンの始まりとして、下の①の英語でのインストラクションで、アメリカ人のTomの部屋に行く設定であることを生徒に知らせます。

① T: You are visiting your American friend Tom, OK?(「クラスルームマネージャー」の役)
(クラスの状況の説明:黒板にTomの部屋のドアのビジュアルエイドがあり、訪問する役の生徒達はその黒板の横に立たせます。Tomの役の学生にはTomのポストイットを張っています)

生徒は黒板に貼ってあるビジュアルエイドのドアをノックします(注)。

注
　日本ではドアのノックは2度程度ですが、英語圏ではその倍前後で、2度だけのノックであれば少し奇妙な響きになりますので、そういったアイテムの自然さも生徒に気を付けさせます。

② S1 (Tom 役): Who is it?

③ S2: Yoko and Takashi.

　(クラスの状況の説明:先生がTom役の生徒にドアを開けるジェスチャーをさせます。先生が無言でその開けるジェスチャーを見せればその生徒に伝わります)

④ S1: Oh, Hi! How are you?
⑤ S3: Fine. And you?

　これが1つのまとまったシーンですが、すんなりこのドアの所でのシーンのインターアクションが上手くいかない場合、他のグループの生徒に同じことを繰り返させます。生徒の英語の不自然な部分は、先生から、または他の生徒からこまめにモデルを示しフィードバックをしていきます。また、指名された生徒から英語が出て来なかった場合、他の生徒にふりモデルとなる英語を引き出し、その指名された生徒に戻し繰り返させたりもします。

　(クラスの状況の説明:ビジュアルエイドでTomの部屋がかなり乱雑であり、靴が非常に汚れていることを示します。この時点ではTom, Takashi, Yokoの役は他の生徒になっています。ビジュアルエイドを提示したり、生徒をチェンジしたりなどはdead timeを少なくするためにテキパキと行います)

⑥ S4: Hey Tom. Your room is very messy!
⑦ S5: And your shoes are very dirty, too!

　⑥と⑦のセンテンスは生徒がクラスの準備のために暗記して来たものですが、センテンスに含まれている文法の説明も理解して来ているのを前提でクラスを進めていきますので、下の⑧のような応用的なセンテンスもビジュアルエイドを使って生徒から引き出せます。

⑧ S6: Your glasses are under the table.

⑨ T: Where are Tom's glasses?
⑩ S7: They're under the table.

　前章で先生の「3つの役割」について詳しく述べてありますが、⑨の先生の英語での質問は、⑧までのシナリオの流れから一時的に離れたもので、生徒に文法的な理解の確認をしたセンテンスです。ですので、「カンバセーションパートナー」の役割ではなく「クラスルームマネージャー」として生徒に質問をした、という感じになります。⑩で答えている生徒は、「1つのメガネ」は glasses の複数形ですので、代名詞は they で受けるのであって it で受けるのは誤りであることを知っているかどうかテストされているわけです。

　そして、再びシナリオの流れのあるコンテクストドリルに戻ります。

⑪ T: Ask Tom where his roommate is.
（先生の「クラスルームマネージャー」としての英語での指示です）
⑫ S8: Where's your roommate?
　（クラスの状況の説明：ビジュアルエイドであるアメリカの地図があり、トラックに家具を積んでオレゴンに引越して行ったビジュアルエイドを使います）
⑬ S9: He moved to Oregon.
　（この時点でシナリオの流れから逸れて、「引っ越して行った」の他のバラエティーをビジュアルエイドを使ってチェックします）
⑭ S10: He moved up to Minnesota.
⑮ S11: He moved down to Mississippi.

　以上がシナリオとそれをサポートするビジュアルエイドを使ってのドリルの大まかな流れです。

II 文法のセッション

　手順は、前章の「文法のセッション」で述べてありますので、ここでは具体例を述べてみます。

　以下の文法項目に関して生徒の理解不足を感じた場合、補足説明し「理解」から「実際使える」に導くために、メカニカルに「T:日本語⇨S:英語」のパターンを使います。語や句を扱う場合は以下の感じです。

　例えば、この章のI-1.-(3)「固有名詞とthe」は固有名詞にtheがつくケースとつかないケースがあるところがポイントで、駅とか公園といった生活に身近な場所にはtheは付きませんが、川や海とかといったサイズに変化のあるものや山脈等の複数形、そして建造物の名前にはtheが付きます。

T:「東京駅」
S1: Tokyo Station
T:「マレー半島」
S2: the Malay Peninsula
T:「JFK空港」
S3: JFK Airport
T:「サハラ砂漠」
S4: the Sahara (Desert)
(「砂漠」desert [dézərt] の発音・イントネーションとスペルは、「デザート」dessert [dizə́ːrt] と共にチェックします)
T:「オレンジ郡」
S5: Orange County
T:「ミシガン湖」
S6: Lake Michigan
T:「エベレスト山」

S7: Mt. Everest

T:「ロッキー山脈」

S8: the Rocky Mountains

T:「コロラド川」

S9: the Colorado

T:「コロラド州」

S10: Colorado

T:「太平洋」

S11: the Pacific (Ocean)

T:「代々木公園」

S12: Yoyogi Park

T:「ハーバード大学」

S13: Harvard University

T:「ホワイトハウス」

S14: the White House

(a) I called him yesterday afternoon.	私は、昨日の午後に彼に電話した。
(b) Would you sit down, please?	どうか、お座りになってください。
(c) If I bought the car, (then) she would pay for half of it.	もし私がその車を買えば、彼女はその半分を払うだろうに。
(c) If I buy the car, (then) she will pay for half of it.	もし私がその車を買えば、彼女は半分払うだろう。

文法のアイテムで、生徒の理解がかなり確保できた段階で、メカニカルな練習に移行します。テキストのしかるべき場所にある例文を使ってもよいでしょう。先生が直説法か仮定法を含んだ日本文を言って、生徒に口頭で英訳してもらいます。

T:「もし私があなたならなァ〜」
S1: I wish I were you.
T:「太陽が無ければ、何も生きられない」
S2: If it were not for the sun, nothing could live.
T:「母が料理をすれば、父が皿洗いをしています」
S3: If my mother cooks, my father washes the dishes.
T:「もし雨なら、私は家にいるかもしれない」
S4: If it rains, I may stay home.
T:「もしそのお金があれば、ヨーロッパに行くんだけどなァ〜」
S5: If I had the money, I would go to Europe.
T:「もしあなたが正しければ、私は間違っている」
S6: If you are right, then I am wrong.
T:「もし私がその車を買えば、彼女は半分払うだろう」
S7: If I buy the car, she will pay for half of it.
T:「もし私がその車を買えば、彼女はその半分を払うだろうになぁ〜」
S8: If I bought the car, she would pay for half of it.
T:「もし必要であればそうします」
S9: If it is necessary, I will do so.

　こういった問題は ChatGPT が簡単に作ってくれます。プロンプトは「直説法現在、仮定法過去のある条件文を使って練習できる問題を5つ作って」「穴あき問題にして」など、いろいろに作れます。

すでに前章で述べていますが、この文法のセッションは"文法の説明"や"メカニカルドリル"以外に、クイズを行う時間、クイズやテストのレビューを行う時間としても使います。

Ⅲ リーディングのセッション

　リーディングは英語のみの直接法を使うドリルのセッションで行います。このセッションでは、前章の中学での英語教育で述べてあるように英語のリーディングの教材を生徒の机の上に置きます。生徒はその英語の教材には、日本語訳とかヒントとなるものは書きません。そして、すでにクラスの準備としてそれを読んで来ていることを前提としてクラスを行います。

　内容は、できれば異文化コミュニケーションを扱ったものがよいと思います。言葉は、言語社会がその背景に存在しています。それをカバーしないと、日本の言語社会での常識を無意識に使い続けてしまいかねないからです。

　　注
　　英語でのコミュニケーションで、なぜ日本人の英語学習者にミスコミュニケーションやカルチャーショックが多いのかですが、日本の英語の教科書をチェックすれば一目瞭然です。「コタツ、歌舞伎を英語で発信」とかといった「日本物」満載で、日英ハイブリッドになってしまっています（韓国の教科書はそういったことはありません）。どうも、扱うべき言語文化に誤解があるように思われます。
　　文化には、learned culture と acquired culture の2種類があります。前者が「情報文化」「美文化」「技術文化」で、後者が「行動文化」です。言語学習と切っても切れないのが後者です。バイリンガルはバイカルチャーでもあるのです。ターゲット言語使用で、より誤解なく、よりスムーズにコミュニケーションを行うための文法です。表現と文法、発音だけ習得していってもミスコミュニケーションは避

けられません(『A framework for Introductory Japanese Language Curricula n American High Schools and Colleges』)。

本のページの写真を撮り、ChatGPT にアップして、文字起こししてもらい、それを以下のようによりやさしい英語に書き換えてもらうことも可能です。

具体的にリーディングのセッションでのコミュニカティブなティーチングのプロセスをご紹介したいと思います(実際には、1クラス当たり下の文の量の数倍カバーします)。

元のエッセイは『Polite Fiction』からで、著者の坂本ナンシーさんはアメリカ人です。日本人男性に嫁いで日本在住です。下の英文では、日本語の「頑張って！」と英語の Take it easy! に関して述べています。

> In Japan, it's customary to say "Ganbatte!" to someone about to take a test, compete in a sports event, or start a new job. This phrase roughly means "Work hard!" However, this would sound odd in English, where people typically say the opposite: "Don't work too hard" or "Take it easy." Americans often assume that someone in such a situation is already under pressure and needs a reminder to relax rather than to exert more effort. When my children were in Japanese elementary school, and they were heading out for a sports meet or a test, I would say "Ganbatte!" in Japanese and "Take it easy" in English as they left the house. They would then humorously pretend to walk out looking unbalanced—tense on one side and relaxed on the other. I often wondered what their teachers would have thought if they had seen this display.

この場合も先生の3つの役割である「クラスルームのマネージャー」、「会話相手」、「モデル」を区別して使い、より効果的なドリルを試みます。

T: Do you often use "Ganbatte!" with your friends?

S1: Yes.

T: I see. How about Yui? She may say "Ganbatte!" frequently to her friends.

S2: Maybe she does.

T: OK, ask Yui to find out.

S2: Yui, do you say "Ganbatte!" to your friends often?

　use "Ganbatte!" with your friends と say "Ganbatte!" to your friends の違いは、前置詞withとtoの意味の違いで想像できやすいと思いますが、前者は"友人と「頑張って！」と言い合っている"感じで、後者は"友人に対して「頑張って！」と言う"感じです。こういう細かいアイテムは、文法のセッションでカバーします。

Yui: I do.

T: When do you say "Ganbatte!" to your friends?

Yui: Well, when they take a test or...

T: Or?

S3: When they enter a sports event or start a new job, I may say "Ganbatte!" to them.

T: I see. How do you translate "Ganbatte" into English according to this article?

S4: "Work hard!"

T: That's right. What do American people say when their friends take a test, enter a sports event, or start a new job?

S5: They may say "Don't work too hard."

T: Interesting, isn't it? Do you know another expression for this situation?

S6: "Take it easy."

T: Which would you prefer to be said when you're in trouble, "Work hard!" or "Don't work hard!"?

S7: Maybe "Don't work hard!" is better for me.

T: How about Takeshi?

S8: He may like "Don't work hard!" better than "Work hard!".

T: Ask Takeshi.

S8: Takeshi, which do you like better, "Don't work hard!" or "Work hard!"?

S9 (Takeshi): I like "Don't work hard!" better.

T: OK. Do you know the author's name?

S10: Nancy Sakamoto.

T: Is she Canadian?

S11: No, she is American.

T: Is it possible to say "She is an American."?

S12: Yes.

T: Which is more commonly used, "She is American." or "She is an American." ?

S13: I think "She is American."

　ここで、Nancy Sakamoto さんの絵をビジュアルエイドとして使います。Nancy Sakamoto さんの特徴を生徒に述べてもらうため先生はその特徴を1つ1つ指で指します。この部分は前のドリルのセッションでカバーした"常に複数形の名詞"と"固有名詞に the がつくケースとつかないケース"の復習でもあります。

T: Could you describe Nancy Sakamoto to us?

S14: She is wearing glasses.

S15: She is wearing gloves.

T: Where is she from?

S16: From the US.

T: From where in the US?

　(ミシシッピー州のビジュアルエイドを生徒に示します)

S17: From Mississippi.

T: Do you know the difference between Mississippi and the Mississippi?

S18: Mississippi is a state and the Mississippi is a river.

T: She is single, right?

S19: No, she is married.

　ここで、先週カバーしたmarryを使ったパターンをまだ覚えているかビジュアルエイドを使ってチェックします。Sarahさんの結婚や、結婚生活に関する情報が生徒に示されています。

S20: She married 10 years ago.

S21: She is married.

S22: She is married to Tom.

S23: She is married with two children.

　（この時点でまたNancyさんの話題に戻ります）

T: She doesn't have any children, right?

S24: No, she has children.

T: How many children does she have?

　（この情報に関しては、リーディングのテキストには与えられていません）

S25: I'm not sure.

T: Please ask Miwa. She knows.

S26: OK. Miwa, how many children does Nancy Sakamoto have?

S27 (Miwa): I don't know, either.

T: OK, ask Kenji.

S27 (Miwa): Do you know how many children Nancy Sakamoto has?

　（ビジュアルエイドで、子供たちの数を示します）

S28 (Kenji): She has two children.

T: Nancy Sakamoto is American, so she might say "Take it easy!" to her children when they had a test?

S29: She said both "Take it easy!" and "Ganbatte!" to them.

　リーディングは、なるべく今まで行ってきた文法、リスニング、スピーキングの復習となるようにします。逆に言えば、文法、リスニング、スピーキングはリーディングへの予習となります。次のⅣ. で述べてあるライティングは、文法、リスニング、スピーキング、リーディングの復習である一方、文法、リスニング、スピーキング、リーディングはライティングの予習になるという関係にあります。このように、互いのスキルがお互いを予習・復習し合っている、より効率的な英語プログラムとなっています。

Ⅳ　ライティングのセッション

　ドリルのセッションには、唯一ライティングのスキルはカバーしていませんが、ライティングは文法のセッションの時間を使ってカバーします。クラスの中では生徒のレベルに合わせてクイズとして、そして宿題として以下のアイテムを行い、問題の出ている箇所をクラスの中でフィードバックしていきます（問題の出ている箇所のフィードバックは、ライティング上のもののみならず、リーディング、オーラル上のものも文法のセッション時間を使ってカバーします）。

1. 単語、熟語、スペルチェック

　例えば、"固有名詞に the が来るケースと来ないケース"として文法でカバーされた「東京駅」「マレー半島」「JFK 空港」「サハラ砂漠」「オレンジ郡」「ミシガン湖」「エベレスト山」「ロッキー山脈」「コロラド川」,「コロラド州」「太平洋」「イギリス海峡」「代々木公園」「ハーバード大学」等を使って英訳してもらってもよいですし、Ⅲ. のリーディングのセッションで紹介されたパッセージの中の

単語や熟語も使います。

2. ディクテーション

　自然なスピードでの英語の音声を聞いて英語のセンテンスを書き起こします。この場合は次の評価法に関する V-1.-(2) のリスニング・コンプリヘンション・クイズのケースとは異なり、必要であれば複数回同じセンテンスを聞かせます。

3. 日本語からの英訳

　なるべくオーラルやリーディングのセッションでカバーしたセンテンスパターンを使います。例えば、リーディングセッションにて"常に複数の名詞"と"固有名詞に the の来るケースと来ないケース"のパターンと"marry の使い方"をカバーしましたが、それをそのまま復習的に使うと以下のような問題になります。
① 「彼女はメガネをかけている」
② 「彼女はミシシッピーの出身だ」
③ 「彼女は 10 年前に結婚した」
④ 「彼女は結婚している」
⑤ 「彼女はトムと結婚している」
　（答え：① She is wearing glasses. ② She is from Mississippi. ③ She married ten years ago. ④ She is married. ⑤ She is married to Tom.）

4. メモ書き（宿題としても可）

　状況が日本語で書かれてあり、トピックに沿ってメモを書いてもらいます。例えば、「あなたのアメリカ人のルームメートが明日大事な試合があってナーバ

スになっています。彼（または彼女）に50字から100字以内で励ましの言葉をSNSに書きなさい」といったトピックを与えます。この章のIII. リーディングのセッションで述べてありますが、その中でTake it easy! について、英語にての議論をすでにしてあります。つまり、オーラルで"英語で表現ができた"ということは、ライティングにおいてもそれ程困難なく英語で書けると言うことでもあります。

5. ショートメール（宿題としても可）

　基本的には、メモ書きのさらに長いもので、電子メールフォーマット、レターフォーマットとなります。

6. 宿題としての小エッセイ

　トピックはよりフォーマルなものとなります。例えば、「友人が大変な時に、日本と英語圏ではその友人への励まし方が異なるケースが多いのですが、具体的にその違いについて200字以内で書きなさい」といったトピックを与えます。重要なのは、できるだけオーラルでそしてリーディングで行ってきた英語の復習となるようにすることです。

　ショートエッセイを扱う手順は中学での2章III-4. と同様です。
1) 生徒たちはノートにショートエッセイを書きます。
2) 書き終わったら写メを撮って、ChatGPTで文字起こしさせ添削してもらいます。その際、添削レベルを指定します。英検2級レベルであれば「CEFR B1レベルで」と入れさせます。
3) その添削後のエッセイを基に、生徒たちは自分の手書きのエッセイに赤ペンを使って修正を行います。
4) それを先生に提出します。

宿題としてショートエッセイは出し難くなっています。ChatGPT で、簡単に立派なエッセイが作れてしまうからです。

V この英語の習得プログラムの評価法

1. クイズ

　クイズは、生徒に予習や復習をよりしっかりさせるために行います。で、クイズはレギュラーのクラス時間を圧迫しないように、できるだけコンパクトなものにします。そしてすでに触れてありますように、クイズは文法のセッションの時間を使って行われます。

　また、クイズ結果はできるだけ早く生徒に返却し、フィードバックするように心掛けます。今は Google Classroom のようなもので、生徒の端末から送られてきたクイズの答えの自動採点ができ、どの質問が難しかったか統計を出すことも可能で、クイズ直後にその部分をクラスでカバーすることさえ可能になっています。

(1) 文法のクイズ

　生徒は、文法（センテンスパターン）の理解のために新しい文法項目を読んで来ますが、その理解度クイズを行います。すでに述べてありますが、このタイプのクイズはせいぜい数分のものとします。

　例えば、この章でカバーしてある文法項目から１例を挙げると以下のようになります。

問：単複同型の名詞を書きなさい。
　（答えは、テキストでカバーされている、群居性の魚や動物である deer, fish, salmon, sheep や、発音が [z], [ʃ], [tʃ] 等で終わる国民の名である Chinese,

Japanese, British, Dutch や、(air)craft, means, percent, species 等を書くことになります）

　また、仮定法過去について II 文法のセッションの所で触れたアイテムを使えば以下のようになります。

質問1
(1) のセンテンスと (2) のセンテンスの違いを述べなさい。
(1) Would you sit down, please?
(2) Will you sit down, please?
　（答えの例：(1) のセンテンスは (2) のセンテンスと比べて遠回しな表現であり、その分よりソフトにより丁寧に聞こえる）

質問2
(3) のセンテンスと (4) のセンテンスの違いを述べなさい。
(3) If I bought the car, she would pay for half of it.
(4) If I buy the car, she will pay for half of it.
　（答えの例：(3) のセンテンスは (4) のセンテンスに比べて "事実から遠く"、(3) のセンテンスの動詞の形は仮定法過去であり、現在か未来の仮想か事実と逆の内容を含む）

(2) リスニングのクイズ
　リスニングのクイズでは、オーディオ類からの英語を聞き、プリントされた問いに答えます。紹介された文法のアイテム（習った単語、熟語、文型文法や異文化コミュニケーション上のトピック）をできるだけカバーするようにします。
　話される英語はあくまでも自然の範囲のスピードのもので、いわゆるスローな "教室英語" は使いません（注）。

注
　ALT のネイティブの先生で不自然なほどゆっくり話される方が少なからずいますが、それでは英語そのものの発音が変わってしまって不自然です。英語は冠詞、前置詞、代名詞等の機能語は大体弱音で発音されたり前後の語とつながって発音されたりしますが、ゆっくり発音すると、それらが皆強音になってしまう傾向があります。重要ではないインフォメーションを強音で発音するのは不自然ですし、日常会話でそういった話し方をしているネイティブはいませんので実践的ではないわけです。

　リスニングのスクリプトを得るのも ChatGPT で簡単にできます。教科書のページの写真を撮り、その文字起こしをしてもらい、それをベースにそのエッセイの内容に関する問題を ChatGPT に作ってもらい、そのスクリプトの音声化も ChatGPT などいろいろな方法があります。リスニングのオリジナルなスクリプトを作ってもらうことも ChatGPT は簡単にやってくれます。

(3) スピーキングのクイズ
　スピーキングのテスト、オーラルテストは中間試験と期末試験でペーパーテストと共に行われますが、スピーキングの復習をより頻繁に生徒にしてもらうために、できればそのテストのパートだけさらに２度行います。つまり、そのケースでは中間試験と期末試験のテストを含めると毎月行う形になります（次の 2.-(1) のスピーキングのテスト / オーラルテスト参照）。

(4) リーディングのクイズ
　リーディングのクイズは行いません。デイリーグレードで成績が記録されますので、この章の III. のリーディングのセッションそのものが、リーディングの読解力のチェックをすることになるからです。
　ただし、ドリルのセッションでリーディングを扱う中で問題の出たアイテムは、日本語で細かく説明のできる文法のセッションでカバーします。文法の

問題や気を付けるべき単語・熟語や発音・イントネーションはもちろんのこと、異文化コミュニケーション上のトピックをさらに掘り下げた議論をしてもよいわけです。

(5) ライティングのクイズ

ライティングのクイズは時々行います。内容は IV ライティングのセッションで述べているように、状況に応じて単語、熟語、スペルチェック、ディクテーション、日本語の英訳や、メモやショートメールを書いてもらいます。

2. 中間・期末テストの行い方

テストにはスピーキングのテスト / オーラルテストとペーパーテストがあります。日頃のクラス・アクティビティーでよりウェイトがあるのはオーラルのパートですので、相応の点数配分にします（大体全テストの6割から3分の2くらいを目安とします）。

(1) スピーキングのテスト / オーラルテスト

中学でカバーした下の 1)～3) の3種類のスピーキングのテストの他に、通訳式オーラルテストとインタビューテストの2種類があり、その中から1つまたは2つを選んで行います。
1) 状況ベースの瞬間英作（2章Ⅱの4.-1）参照）
2) リーディングの内容について英語でディスカッション（2章Ⅱの4.-2) 参照）
3) 一般的質問への英語での応答（2章Ⅳ-2.-1)-(3) 参照）
4) 通訳式オーラルテスト

オーラルテストの1つ目は"通訳"で、テストされる生徒が真ん中で、その生徒の左右に"A：英語が分からない日本語母語者の役の人"と"B：日本語が分からない英語の母語者の役の人"がいます。日本語スクリプトを読むAの役は

他の生徒でもよいですし（生徒を使う場合は、すでにこのテストの終わった生徒を使います。ですので、このテストの１人目の生徒に対しては、先生が１人２役をするしかありません）、日本語のスクリプトを読む役を日本人の先生、英語のスクリプトを読む役をネイティブの先生にしてもらってもよいわけです。

会話のスクリプトはそれぞれＡが日本語、そしてＢが英語で、Ａが日本語をしゃべれば被試験者である生徒はそれを直ぐにＢに向かって英語でしゃべり、それに答えてＢが英語で話せばそれを生徒はＡに日本語に訳して話すことになります。

例えば、日本人の役はオーラルテストを受けている生徒の父親か母親で英語を知らないという設定にし、日本語を知らない英語圏からのゲストがあり、被試験者である生徒が２人のために通訳をするということにします。このテストの文法のポイントは、"常に複数形の名詞"、"固有名詞に the のつくケースとそうでないケース"のアイテム、"単複同型の名詞"、"仮定法"を主にカバーするとします。この英語でのインターアクションをよりリアルなものとするため、ビジュアルエイドを使います。

以下、このタイプのオーラルテストの最初の部分と、"２人の共通の知人であるスミス夫妻ついて話す"という設定での会話の一部をご紹介します。

母親 or 父親：「こんにちは。はじめまして」
通訳（生徒）：Hello! Nice to meet you.
ゲスト（先生）：Hello! Glad to see you.
（２人目のテストからテストが終わった生徒に順に「母親 or 父親」の役をやってもらいます）
通訳：「こんにちは。お会いできて嬉しいです」
母親 or 父親：「あっ、靴は脱いでそちらにそのままにしておいてください」
通訳：Oh, please take off your shoes and leave them there.
母親 or 父親：「どうぞお座りください」
通訳：Please, have a seat.

ゲスト：Thank you.

通訳：「ありがとうございます」

母親 or 父親：「お飲み物はいかがですか？」

通訳：Would you like something to drink?

ゲスト：No, thank you.

通訳：「どうぞお構いなく」

＜中略＞

母親 or 父親：「それで、スミスご夫妻はアメリカに帰るんですね？」

通訳：So Mr. and Mrs. Smith are going back to America, aren't they?

ゲスト：Yes, next November.

通訳：「ええ、11月に」

母親 or 父親：「スミスさんご一家の故郷はニューヨークですね」

通訳：The Smiths are from New York City, right?

ゲスト：Yes. Have you ever been there?

通訳：「はい。そこ（ニューヨーク市）に行ったことはありますか？」

母親 or 父親：「ええ、2年前に行きました」

通訳：Yes, I went there two years ago.

ゲスト：Which tourist spots did you visit?

通訳：「どの観光名所に行かれましたか？」

母親 or 父親：「セントラルパーク、エンパイアステイトビルと自由の女神を見て回りました」

通訳：We toured Central Park, the Statue of Liberty, and the Empire State Building.

5）インタビューテスト

　2つ目は、オーソドックスなオーラルテストであるインタビューテストです。1対1のテストが理想ですが、生徒数が多い場合は生徒が2人以上いる場合もあります。生徒と先生は相対して座ります（もしくは状況次第では立ちます。どこかに行くシチュエーションで座ったままでは不自然ですので）。先生はこの

オーラルテストのシナリオ、それをサポートするビジュアルエイドを用意して来ていて、そのシナリオに沿ってテストを進めていきます。

　ドリルのセッションでは、先生にはクラスルームのマネジャー、会話相手、モデルの３つの役割がありましたが、オーラルテストではほとんど会話相手の役割のみになります。つまりクラスでのシナリオドリルでは、シナリオを離れて、応用的にメカニカルなドリルも行いましたが、このオーラルテストはあくまでもシナリオの流れに沿って行われます。

　以下、ドリルのセッションのシナリオドリルとインタビューテストの若干の違いを示すために、シナリオドリルの説明で使った教案を援用してオーラルテストの一部をご紹介します。

T: You are visiting your American friend Tom, OK?
　（ポストイットの Tom は先生に貼ってあり、先生が Tom 役であることを示してあります。Tom の部屋のドアのビジュアルエイドがあり、被試験者である生徒にドアをノックさせます）
T (Tom 役): Who is it?
S: Shinji! (It's me. も可)
　（Tom 役の先生がドアを開けるジェスチャーをします）
T: Oh, Hi! How are you?
S: Fine. And you?
T: I'm OK. Come in!
　（ビジュアルエイドで Tom の部屋がかなり乱雑であることを示します）
S: Hey Tom. Your room is very messy!
T: I'm very lazy. Have a seat.
S: Thanks.
　（ビジュアルエイドでメガネがテーブルの下にある事を示します）
S: Oh, your glasses are under the table.

T: Where?

S: They are under the table.

T: Oh, gee! I have been looking for them all morning.

（S である生徒がそのメガネを Tom 役である先生に渡します）

S: Here you are.

T: Thanks. By the way, I haven't seen Yoko these days. What happened to her?

（アメリカの地図があり、Yoko は今ミネソタ住んでいる事を示してあります）

S: Yoko moved up to Minnesota.

注
　　CERF A2 レベル以上からパラグラフ単位のスピーキングも可能になってきます。厳密に言えば、まとまったことを英語で述べることが、ショートスピーチのこともあります。英会話上でもまとまったことの説明をする機会は少なからず、です。
　　ショートスピーチは英語でのクラス履修や会議で役に立ちます（付録：I-11. 参照）。

　オーラルテストの評価のポイントは以下のようになりますが、オーラルテストが"通訳式オーラルテスト"の場合は下の⑤の"ボディー・ランゲージ等のインターアクションの自然さ"は除かれます。

① 発音・イントネーションの自然さ

　日本の多くの英語プログラムが行っているような、初日に発音とイントネーションをカバーして、その後はほとんどカバーしないというパターンでは、非常に強い日本語的英語発音の癖がつきやすく、その一旦付いてしまった変な癖を直すのは並大抵のことではなくなってしまいます。日頃のドリルのセッションでは、初回のクラスから一貫して自然な英語の発音・イントネーションを求めますし、文法のセッションでも問題のある発音・イントネーションはカバーしますので、当然これらはオーラルテストの評価にも反映されます。

② 文型文法の正しさ

文型的に正しいセンテンスが作られているかどうかチェックします。冠詞や名詞の数、助動詞や時制の正しい使い方もチェックします。文型は単に正しいもののみならず、必要に応じてバラエティーある文型を使う必要があります。例えば、より込み入った内容のことを描写するのには単文のみならず、重文、複文等も使う必要があるわけです。
③ 表現力、表現の自然さ
　英語のセンテンスは、文型が正しいのみならず自然な英語表現である必要もあります。文型的に正しくても、日本語の発想のような英語では困るわけです。さらに、表現のバラエティーも重要です。それがないとどうしても英語表現が単調になってしまうからです。
④ 流暢さ
　自然でスムーズなコミュニケーションのためには、自然なスピーキングのスピードが必要です。クラスでは一貫して生徒に自然なスピードの英語を求めます。生徒は、そのためにはクラス外での声に出しての日頃の繰り返しの練習が重要であるということを痛感します。オーラルテストも、当然それが反映されたものとなります。
⑤ ボディー・ランゲージ等のインターアクションの自然さ
　顔の表情やジェスチャー等のボディー・ランゲージは、重要なコミュニケーションの要素です。これらのボディー・ランゲージは、メッセージを強めたり、発話の感情的要素を加えたり、言葉を補助したり、言葉の代わりになったりします。言うまでもなく、英語でのボディー・ランゲージは日本語のそれとはかなり異なります。日頃のクラスでも、自然なボディー・ランゲージはカバーしますし、オーラルテストでも評価の１要素となります。
　一例として、人に初めて会った時の注意点を以下に書いてみます。
　英語での会話であれば握手をする可能性は日本語の時よりは高くなります。握手をするケースは日本語での会話の時もあるわけですが、握手の仕方は英語の時とは幾分異なります。英語でのインターアクションの時、握手は特に男性

対男性の場合は弱過ぎないように注意をする必要があります。しっかり握るということは「心をこめる」ということで、弱い握手には dead fish handshake という言葉があるくらいで、触っただけのような握手は悪い印象を与えます(『完全マスターナチュラル英会話教本』(語研))。

そして、お辞儀は深過ぎないように気を付けます。浅いお辞儀でよいということは、握手の相手との距離がより近くなるということでもあります。深くお辞儀をして握手をすると腰が引けた"へっぴり腰"の感じになりかねません。
握手の時相手の目を見ることとスマイルも大切です。日本文化では、相手の目を見て会話を行うと、相手の心が落ち着かなくなり失礼に思われることもありますが、英語圏では日本的に相手の目を見るのを避け続けると、自信の無さの表れととられる恐れがあります。

3. 生徒の側からの教師と英語のクラスに対する評価

英語のプログラムと英語の先生に対する生徒の側からの評価は、その英語のプログラムの絶え間ない改善のために非常に重要だと思います。学校側にとっても英語プロラムの問題点、英語の先生への生徒からの評価を知るよい機会ですし、当の先生にとってもご自身のクラスに対する生徒の意見を聞けるよい機会でもあります。

この匿名で生徒に評価をしてもらうのには、最後のクラスの時間の一部を使います。先生は、生徒が評価している間はクラスから出てオフィスに帰ります。1人の生徒にそのアンケートを集めてもらい教頭か校長に届けてもらいます。生徒の成績を出し終わった後、先生は生徒からの評価の結果を受け取ることになります。

<u>本英語のクラスへの評価</u>

5＝非常に当てはまる。
4＝まずまず当てはまる。
3＝当てはまるとも当てはまらないとも言えない。
2＝あまり当てはまらない。
1＝全然当てはまらない。

1) 先生はクラスの準備を十分にして来ていた。　(5, 4, 3, 2, 1)
2) 先生は英語を教えることに対して情熱を持っていた。　(5, 4, 3, 2, 1)
3) 先生は教えている分野に関してよく知っていた。　(5, 4, 3, 2, 1)
4) 先生は効率的・合理的に教えていた。　(5, 4, 3, 2, 1)
5) 先生はえこひいきせず生徒を公平に扱った。　(5, 4, 3, 2, 1)
6) テストやクイズはクラスの重要なポイントをカバーしていた。(5, 4, 3, 2, 1)
7) 先生はテストやクイズの結果を生徒に早く返していた。　(5, 4, 3, 2, 1)
8) 先生はテストやクイズのフィードバックをしっかりとやった。(5, 4, 3, 2, 1)
9) 先生はテストやクイズに生徒に役立つコメントを書いていた。(5, 4, 3, 2, 1)
10) 先生はクラスのアクティビティーでdead timeが少なかった。(5, 4, 3, 2, 1)
11) 先生は遅刻やクラスの早仕舞いはしなかった。　(5, 4, 3, 2, 1)
12) 先生は生徒の相談に積極的に乗っていた。　(5, 4, 3, 2, 1)
13) 先生は生徒に自ら考えさせるようにしていた。　(5, 4, 3, 2, 1)
14) 先生は生徒にとってチャレジングな質問をしていた。　(5, 4, 3, 2, 1)
15) 先生は生徒が分からないでいることを理解していた。　(5, 4, 3, 2, 1)
16) 先生は生徒の英語のスキルの向上に非常に関心を払い、生徒に役立とうとしていた。(5, 4, 3, 2, 1)
17) 先生は他の違った意見に対してオープンだった。　(5, 4, 3, 2, 1)
18) クラスでは自由に質問や発言できる雰囲気があった。　(5, 4, 3, 2, 1)

19) クラスは私の知的興味を刺激してくれた。 （5, 4, 3, 2, 1)
20) クラスの目的はクリアーに設定されていた。 （5, 4, 3, 2, 1)
21) クラスの目的と実際に教えられたことがマッチしていた。 （5, 4, 3, 2, 1)
22) このプログラムではどういう風に生徒が評価されるかクリアーだった。
 （5, 4, 3, 2, 1)
23) クラスは本来の目的を達成した。 （5, 4, 3, 2, 1)

4. クラス見学でのクラスの評価のポイントと解説

　より効率的なクラス運営を目指してのチェックすべき重要ポイントをまとめてみます（いくつかのポイントにはすでに触れてあります）。他の先生または英語プログラムの管理者による英語のクラスへの評価です。評価には、5（非常に同意）、4（同意）、3（同意でも不同意でもない）、2（不同意）、1（非常に不同意）の5段階を使います。

(1) 生徒のドリルのセッションの参加状況
1) 授業の進行に注意を払っていたか。 （5, 4, 3, 2, 1)
　解説：生徒の椅子の並び方は先生を中心にしての1列の（半）円形が理想的です。そのレイアウトだと、先生の位置から生徒全員をクリアーに見ることができます。また、生徒も先生と他の生徒全員をクリアーに見ることができますので、クラスでどんなアクティビティーが行われているか分かりやすくなっている分、生徒はクラスの進行により注意を払うことができます。また、生徒の指名はアトランダムに行われますので、生徒にとってはいつ指名されるか分からない状況となり、常にクラス・アクティビティーに注意を払わなければならなくなっています。
2) 先生、他の生徒と英語で会話をしようとしていたか。 （5, 4, 3, 2, 1)
　解説：ドリルのセッションでは基本英語しか使えない直接法を使っています。

そのクラスでは生徒同士の会話もすべて英語です。もし、生徒が日本語を使ってしまったら必ず注意をすることになります。

3) 先生の指示を理解したか。（5, 4, 3, 2, 1）

　解説：ドリルの先生は、①クラスルームマネージャー、②会話の相手、③モデルの３つの役割を使い分けますが、この３つの違いを生徒がハッキリ分かる必要があります。先生から、何かをすることを指示されているのか、会話の相手になってくれようとしているのか、モデルを見せてくれようとしているのかがクリアーでなければ、生徒は混乱してしまいますので。また、クラスルームインストラクションとして使われる英語表現（２章のⅡ-3. 参照）はプログラムの最初のクラスで導入されます。

4) 英語会話の状況が把握できていたか。（5, 4, 3, 2, 1）

　解説：コミュニケーションでは英語を使う状況が重要ですが、その状況が生徒にとってクリアーでない場合、生徒から引き出せる英語でも引き出せなくなってしまいます。

(2) 教師のクラスへの準備とクラスでの教師の状況

1) 授業開始時までに余裕をもって教室に来たか。（5, 4, 3, 2, 1）

　解説：常に余裕をもって早めにクラスに行き、クラスの準備（椅子のアレンジや、ビジュアルエイドのチェック等）を行って、始業ベルが鳴るまで生徒に英語で話しかけるようにします。内容は現実の生活に即した軽いもので、その日までにカバーしてある英語を使います。

2) ポイントを理解し、そのための効果的なレッスン準備をして来ていたか。（5, 4, 3, 2, 1）

　解説：日本語母語者が英語の習得を試みる上での文型上の問題、発音・イントネーション、異文化コミュニケーション上のルール等のポイントを理解し、それらをカバーしてあるティーチングプランを作って来ます。

3) 各アクティビティーの時間配分ができていたか。（5, 4, 3, 2, 1）

解説：時間配分に関しては、メカニカルなドリルに偏ってしまい、状況のあるコミュニカティブなドリルの時間がなくならないように気をつける必要があります。生徒から英語を引き出すのが難しく、どうしてもよりメカニカルなドリル中心とならざるを得ない日はないとは言えませんが、それでも必ず状況のあるティーチングプランは作り続け、安易に単調なドリルであるティーチングプランを作らないように心がける必要があります。

4) 授業終了時間までしっかり教えていたか。　(5, 4, 3, 2, 1)

　解説：遅れてクラスを始めないようにすることと同じくらい重要なのは、クラスを早目に切り上げないことです。もしクラスを早く切り上げてしまうと、それだけ生徒の損ですし、クラスの雰囲気が"ダレ"てしまいかねません。クラスで他に行うことが無くなる場合を想定して、常に"やること"を準備しておきます。

　さらに、授業の進行、アクティビティー、訂正やフィードバックについて細かくチェックしていきます。

(3) 授業の進行

1) 生徒をあてる頻度は適切だった。　(5, 4, 3, 2, 1)

　解説：生徒へは、1人当たりのあてる時間の平等を原則とします。その日の1人の生徒の口から出る英語が非常にスローな場合でも、できる限りその生徒が英語のセンテンスを言い終えるまで待ちますが、あてる頻度が他の生徒と同じであれば、その生徒があてられている時間が他の生徒よりかなり長くなってしまってよくないわけです。

2) 生徒をあてる順番がアトランダムに行われていた。　(5, 4, 3, 2, 1)

　解説：生徒のあて方は順番に行わないアトランダム方式で、いつあたるか分からないようにしてクラス・アクティビティーに常に注意を払うようにさせます。50分授業のクラスに生徒が25人ほどいれば1人当たり僅か2分の割合ですが、このあて方でクラス・アクティビティーの中で集中させ続けて英語のリ

スニングをさせたり、他の生徒が英語をクリエイトしている時も自分でも頭の中で英作をし続けさせたりするようにします。

3) 生徒の誤りの原因を分かっていた。　（5, 4, 3, 2, 1)

　解説：先生はレッスンプランを作る時、生徒が誤りを犯しやすいポイント、そしてそれらがどれくらい難しいものなのか知っておく必要があります。難しいポイントはそれなりにより多くの時間とエネルギーを割いてクラスで扱います。

4) 生徒のできに応じて難易度の調節を行った。　（5, 4, 3, 2, 1)

　解説：できるだけポイントを押さえたコミュニカティブなクラスドリルにしますが、生徒からは必ずしもスムーズに英語が出て来るわけではありません。レッスンプランを作る時に考えていた以上に難しいアイテムであることが、ドリルのセッションを行っている時に分かることもあります。その場合は、レッスンの難易度を落としたり、よりメカニカルなドリル、つまり先生の第3の役であるモデルを聞かせて生徒にリピーティングさせたりが多くなります。

5) 無駄時間（dead time）が無かった。　（5, 4, 3, 2, 1)

　解説：ドリルのセッション時間内では、間（ま）を入れないでレッスンを間断なく進めます。生徒の指名、ビジュアルエイドを黒板に貼る時、モデルを見せる時、生徒の移動等生徒の集中力が切れないようにすべてをテキパキと行います。

(4) アクティビティー

1) 現実性、実用性が高かった。　（5, 4, 3, 2, 1)

　解説：「こういう英語を使う状況は無い」というものは避け、しかもより実用性の高いものにします。

2) メカニカルなドリルの量、状況ベースのドリルの量は適切だった。

（5, 4, 3, 2, 1)

　解説：クラスの始めの方のパートはウォームアップの意味合いがありますの

で、比較的メカニカルなドリルとなります。このメカニカルな傾向の強いウォームアップや暗記チェックを行った後、より状況のあるドリルへと移動していきます。この２つのバランスは重要です

(5) 訂正、フィードバック
1) 不自然な発音・イントネーションの訂正が適量だった。　(5, 4, 3, 2, 1)
　解説：不自然な英語の発音・イントネーションはこまめにモデルを見せ、フィードバックしていきます。この英語プログラムの最初の方であればあるほどこれらのアイテムのフィードバックが多くなりますが、その不自然さに対して一貫性を持ってフィードバックしていけば、生徒はクラスの準備でフィードバックされなくても済むようによりしっかりと練習して来るようになるものです。ですので、プログラムの進行と共に生徒の発音とイントネーションの問題は少なくなり、これらのフィードバックの機会も少なくなっていきます。
2) 文型の誤り、不自然な英語表現、ジェスチャーの訂正が適量だった。
(5, 4, 3, 2, 1)
　解説：発音・イントネーション同様、文型的に不正確な英語、不自然な英語表現等が生徒から出て来ればモデルを見せ、それらをこまめにフィードバックします。生徒がまだこの英語プログラムに慣れていない最初の頃は、やはりフィードバックの量が比較的多くなります。
3) 生徒が間違えた場合、他の生徒の加え方が効果的だった。(5, 4, 3, 2, 1)
　解説：生徒の英語が不自然であった場合、なるべく他の生徒からその自然なモデルの英語を引き出すようにします。当然、生徒の当たる回数が多くなるという観点からは、先生→生徒より生徒→生徒の方がベターなわけです。
4) 生徒がよくできた場合、それが正しいということを示した。(5, 4, 3, 2, 1)
　解説：頭を少し縦にふるだけで、生徒の出した英語が正しいことを伝えることができます。逆に、間違った英語、不自然な英語は必ずフィードバックをして、間違っているか不自然であることを知らせることになります。英語圏在住の日

本人の英語の間違いの癖の多くはなかなか直っていかない傾向があります。自分のしゃべった英語のどこがどう間違っているかについて、それに気付きフィードバックしなければ、それは永遠に間違ったままであり続ける危険性があります。

付　録

I　ChatGPTなどを使っての教材の制作、クイズやテストの制作など

> 1. 教科書の英文などを文字起こしする方法

スマホやタブレットで教科書の英文の写真を撮る
　　⇩
ChatGPTにその写真をアップ
　　⇩
「文字起こしをして」とタイプ

ちなみに、リクエストすれば日本語訳も付け加えてくれます。

GPTsの「AI Voice Generator: Text to Speech」(https://chatgpt.com/g/g-MJYELDDFg-ai-voice-generator-text-to-speech) が、非常に質の高い英文の読み上げをしてくれ、その音声データのダウンロードもできます。

> 2. 単語リスト使用の英文パッセージ作り
>
> 「(使用単語をペーストした後)この単語リストでエッセイを書いて」(ChatGPT)

　One sunny Sunday in Australia, Tim, a young boy, woke up early. He brushed his teeth and thought, "Today is a good day for an adventure." After breakfast, he told his mother, "I want to go to the zoo."
　At the zoo, Tim saw many animals. He liked the kangaroo and the koala

the most because they were unique to Australia. He also saw lions, tigers, and elephants. Tim was very excited.

After he walked around the zoo, Tim felt hungry. He went to the restaurant and ate a delicious hamburger and French fries. He also drank some cold water because it was a hot day.

Before he left the zoo, Tim bought a small toy, a cute kangaroo, from the gift shop. He thought it was a perfect souvenir to remember his fun day.

When he got home, Tim wrote about his day in his notebook. He was very happy. He thought, "This was the best day ever."

英文パッセージを同じような内容で書き換えてもらうこともできます。また、パッセージ内の難しい語彙や文法項目を消してもらうことも可能です。

3. PC, iPhone, iPad, Android で ChatGPT と英会話をする方法

1) ChatGPT 4o で自由英会話
目的：かなりリアルなネイティブとの自由英会話体験
プロンプト（日本語、英語ともに可能）
日本語：
　「英会話の相手になって」
　「〜について質問して」
英語：
Be my conversation partner in English.
Ask questions about 〜 .
英会話上の注意点（日本語でも可能）：
1. ChatGPT が日本語で語りかけてきたら、English, please. と言えば、英語に

スイッチしてくれる。
2. 答えにくい英語での質問があれば、Please ask a different question. と言って、他の質問をしてもらう。
3. ChatGPT の英語の質問が分からなかったら、Excuse me? と言う。
4. アメリカ英語からイギリス英語にスイッチしてもらいたい場合は Please speak British Enblish とリクエストする。

英会話の終わりに、以下をリクエストします。
まず、
日本語：「英語の間違いをフィードバックして」
英語：Please provide feedback on any English mistakes.

と質問し、ミスのフィードバックをもらいます。次に、

日本語：「米語（or 英語）を基準に問題のある発音をフィードバックして」
英語：Give feedback on problematic pronunciation based on American (or British) English.

とリクエストして、不自然な発音のフィードバックをもらいます。
英会話が終わった後、英会話のやり取りの記録がスクリプトとして出ます。
　ChatGPT が直してくれた英語を音読する（ChatGPT は英文を読み上げてもくれます）。できたら、正しい英語表現を暗記。

2) ChatGPT 4o で自由英会話―ロールプレイ
目的：ロールプレイによるかなりリアルなネイティブとの英会話体験
プロンプト（日本語、英語ともに可能）
日本語：

「以下の設定で英会話の練習をさせて」
「週末に２人で何をするか計画を立てる」（この箇所は他のいろいろな計画に変更できる）
「あなたから会話を開始して」

英語：

Let me practice English conversation with the following scenario:
Making plans for what to do together on the weekend.
You start the conversation.

英会話上の注意点やフィードバックのリクエストは1）と同じです。

---

4. 英文を自然なものに書き換え可能

「この自己紹介文を自然な英語にして」（ChatGPT）

Hello, everyone.
I'm Margaret Brown.
Call me Meg.
I'm from Australia. I'm twelve.
I like Japanese food.
I love sushi.
I often drink green tea, too.

Hello, everyone. My name is Margaret Brown, but you can call me Meg. I'm a 12-year-old from Australia, and I'm a huge fan of Japanese food, especially sushi. I also enjoy drinking green tea quite often.

---

5. クラス管理と暗記チェック、スピーキング / オーラルのクイズ、テストについて

　各生徒が端末使用のできる学校は今や非常に多く、Google Form, Google Classroom などを使うことで、スピーキングのクイズやテストをすることは可能です。例えば状況ベースでの口頭瞬間英作クイズでは、端末にスピーキングパフォーマンスを録音して先生に送ります。先生は後でそれをチェックして採点します。

---

6. Substitution Drill 作り

「He is a student here. の substitution drill を作って」（ChatGPT）

1）Is he a student here?
2）He is not a student here.
3）Are they students here?
4）They are not students here.
5）Is she a teacher here?
6）She is not a teacher here.
7）Are you a student here?
8）I am not a student here.

ChatGPT がくれたこれらをベースに、入れ替え練習のドリルを作り、音声データも作ります。

---

7. リーディング / リスニングのクイズ作り

教科書などにある下のダイアローグをコピペして Chat GPT に貼り付けます。

「下の会話をベースに日本語で質問を2つ作って」(ChatGPT)

Ken: Are you from Sydney?
Sally: Yes, I'm.
Ken: So, are a rugby fan?
Sally: Actually, I'm a baseball fan.

　Amazon Polly、GPTs の「AI Voice Generator: Text to Speech」などでダイアローグ、質問を読み上げさせて使うと、リスニングのクイズとして使えます。

　質問を英語で作ってもらうこともできますので、その場合は口頭にて答えてもらうことも可能です。
1) サリーさんの出身はどこですか？
2) サリーさんはラグビーのファンですね？
　（No の場合は、どのスポーツのファンか答えなさい）

---

8. ライティングのトピック作り

「英語のライティングで CEFR A1 レベルのトピックを日本語でください（もちろん英語でも作ってもらえます）」(ChatGPT)

1) 自己紹介：自分の名前、年齢、趣味について短く書く。
2) 家族について：家族のメンバーとその仕事や趣味について説明する。
3) 日常生活：平日と週末の過ごし方について書く。
4) 好きな食べ物：自分が好きな食べ物とその理由について述べる。
5) 旅行：行ったことのある場所や行きたい場所について書く。

9. リーディングしてそれについてライティングするパターン

「以下の英文をベースにライティングトピックを考えて」(ChatGPT)

Ger

　Traditional Mongolians have a special lifestyle. They live in gers. A ger is a round tent. They make the tent with wood and felt, both local materials. It is easy to put up and take down the tent. This is important because these Mongolians follow their animals. They ride horses and move with the seasons to find fresh grass and water. They take the gers with them.
　One family lives in each ger. When children get married, they move out of the family ger. They use locally available materials to make a new ger of their own.
　The ger suits the traditional Mongolian way of life. It is easy to move a ger and easy to make one.
(『New Crown 2』より)

伝統的なモンゴルのライフスタイルと現代の都市生活を比較しなさい。

10. Utilization の英文の状況作り

「下の英文を使う状況を日本語でください」(ChatGPT)

He is in the kitchen.

あなたが友達と一緒に家にいて、その友達がジョンはどこにいるかあなたに聞いたとします。ジョンは台所であると英語で答えなさい。

11. 英語のスピーチのトピック作り

「英語のスピーチのお題を質問形式で5つください」(ChatGPT)

1)"How does climate change affect our future?"
2)"What is the impact of online learning on traditional education?"
3)"Is social media a force for good or bad in society?"
4)"How can we improve mental health support in the workplace?"
5)"Should governments regulate artificial intelligence?"

12. リアルな英語の音声作り

Amazon Polly など。

13. 単語クイズ作り

「下の自己紹介をベースに日本語で単語クイズを作って」(ChatGPT)

Hello, everyone.
I'm Margaret Brown.

Call me Meg.

I'm from Australia. I'm twelve.

I like Japanese food.

I love sushi.

I often drink green tea, too.

1)「everyone」の意味を答えなさい。
2)「twelve」の意味を答えなさい。
3)「Japanese food」の意味を答えなさい。
4)「often」の意味を答えなさい。

14. 文法のクイズ作り

「以下の自己紹介の英語から文法のクイズを作って」(ChatGPT)

Hello, everyone.

I'm Margaret Brown.

Call me Meg.

I'm from Australia. I'm twelve.

I like Japanese food.

"I'm" は何の短縮形か書きなさい。

"Call me Meg" の "me" は何代名詞か書きなさい。

"I like Japanese food" の "like" の品詞は何か書きなさい。

"I often drink green tea" の "often" の品詞は何か書きなさい。

> 15. リーディングのクイズ作り
>
> 「以下の自己紹介をベースに英語/日本語で質問を3つ作って」(ChatGPT)
>
> Hello, everyone.
> I'm Margaret Brown.
> Call me Meg.
> I'm from Australia. I'm twelve.
> I like Japanese food.
> I love sushi.

1) How old is Meg?

2) What kind of food does Meg like?

3) Where is Meg from?

1) マーガレットさんは何歳か書きなさい。

2) マーガレットさんはどんな食べ物をが好きか書きなさい。

3) マーガレットさんはどの国から来たか書きなさい。

II その他の ChatGPT を使うプロンプト

> 1. 英文のエッセイの添削をする
>
> 「この英文のエッセイの文法的間違いを修正、その解説を箇条書きにしてより自然な英語表現を提案して」（ChatGPT）

手順：
1. 手書き、タイプ打ちの英文エッセイを写メで撮る
2. Chat GPT にアップ
3. 右下にある上向きの矢印をクリック

> 2. 扱う文法項目のあるセンテンス作り
>
> 「仮定法過去、仮定法過去完了のある例文をそれぞれ2つ作って」

仮定法過去：

If I had money, I would travel the world.

If she were here, she would help us.

仮定法過去完了：

If you had studied, you would have passed.

If I had known, I would have told you.

3. 短文の４択問題作り

「以下のような難易度で、同じ形式の問題を５つ作って。１つだけ正解で他の３つは不正解。答えは最後にまとめて書いて」

1. Our boss helps clients make informed decisions about _____ investment.
a) them
b) their
c) they
d) themselves

2. Before _____ the factory, all the workers must wash their hands thoroughly.
a) leave
b) leaving
c) to leave
d) have left

1. She never _____ to the gym because she doesn't like exercise.
a) goes
b) go
c) going
d) went

2. If it _____ tomorrow, we will have to cancel the picnic.
a) will rain
b) raining

c) rains

d) rain

3. If he _____ harder, he would have passed the exam.

a) studied

b) would study

c) had studied

d) studies

4. The project _____ completed by the end of this month.

a) will be

b) will have

c) is

d) have been

5. She _____ the new proposal yet, so she can't comment on it.

a) hasn't read

b) didn't read

c) doesn't read

d) won't read

Answers:

1. a) goes

2. c) rains

3. c) had studied

4. a) will be

5. a) hasn't read

4. パッセージ4択穴埋め問題作り

「CEFR B1（英検2級）レベルで、英語の150ワード程度の長文の空欄補充問題を作って。空欄を3箇所作り、選択肢のうち1つだけが正解で、他の3つは不正解になるようにして。正解は最後にください」

Emily has always been passionate about helping animals. When she was just 10 years old, she started volunteering at a local animal shelter. Over the years, she has (1) countless dogs and cats find their forever homes. After finishing high school, Emily decided to turn her passion into her career. She went to college to study veterinary science. However, Emily realized that working in a clinic was not her true (2). She wanted to focus more on animal welfare and conservation. So, Emily joined a non-profit organization that works to protect endangered species. Her job now (3) traveling to different parts of the world, studying animals in their natural habitats, and educating local communities about conservation.

(1)
a) help
b) helps
c) helped
d) helping

(2)
a) calling
b) caller
c) called

d) calls

(3)
a) include
b) including
c) includes
d) included

Answers:
(1) c) helped
(2) a) calling
(3) c) includes

---

5. 読解問題作り

「100語くらいの英文を作って。それをベースに4択問題を2問作って。正解は4択の内1つにし、正解は最後にまとめてください」

In a small coastal town, Sarah discovered an old lighthouse that had been abandoned for years. Intrigued by its history, she decided to explore it. As she climbed the winding staircase, she felt an eerie sense of solitude. At the top, she found an old logbook that belonged to the lighthouse keeper from decades ago. The logbook contained records of passing ships, weather conditions, and even personal reflections. Fascinated, Sarah decided to restore the lighthouse and turn it into a local museum, so the community could learn about its past and maritime traditions.

Question 1: What did Sarah find at the top of the lighthouse?

A) a treasure chest

B) a modern computer

C) an old logbook

D) a ghost

Question 2: What did Sarah decide to do with the lighthouse?

A) demolish it

B) leave it as is

C) restore it and turn it into a museum

D) convert it into a café

Answers:

(1) C) an old logbook

(2) C) restore it and turn it into a museum

---

6. 単語のリスト作り

「下の単語をアルファベット順に並べ、表形式にして日本語の意味もつけて」

catch, collect, cook, cut, buy, come, climb

English	Japanese
buy	買う
catch	捕まえる
climb	登る
collect	集める

come	来る
cook	料理する
cut	切る

7. 類似発音の練習問題作り

「/s/, /ʃ/」の発音練習のできる 3,4 語の英文を作って（3,4 語のセンテンスが練習しやすい）

She sells sea shells.

III 単語リスト、文法項目

1. 小学校6年レベル単語リスト

カバーされる語彙は教科書によって異なりますので、下のリストはあくまでも「目安」です。

動詞				
buy	like	wait	shopping	dog
catch	listen	wash	skiing	dolphin
climb	look	water	go to bed	donkey
collect	make	wear	go to school	duck
come	play	write	listen to music	elephant
cook	put	enjoy ~ing	look at	flamingo
cut	read	brush my teeth	take a bath	fox
dance	ride	clean the house	watch TV	frog
dive	run	do my		giraffe
drink	see	homework	名詞	gorilla
drive	sing	get home	circle	horse
eat	sit	get up	diamond	iguana
feed	ski	go shopping	rectangle	kangaroo
fly	stand	enjoy +	square	koala
get	stop	camping	triangle	lion
go	study	cooking	ant	monkey
have	swim	cycling	bear	mouse
help	talk	diving	bird	octopus
jump	think	fishing	butterfly	ox
kick	touch	hiking	cat	panda
	turn	jogging	caterpillar	penguin

pig	violin	vacation	programmer	school
rabbit	bag	actor	queen	shop
snake	basket	astronaut	reporter	shopping center
swallow	bed	baker	researcher	
T-rex	birthday	bus driver	singer	stadium
tadpole	book	captain	storekeeper	station
tiger	box	carpenter	teacher	stationary
zebra	bucket	cartoonist	umpire	store
ball	calendar	comedian	vet	swimming pool
glove	chair	cook	zookeeper	
racket	clock	dancer	airplane	zoo
archery	coin	dentist	ambulance	bakery
badminton	comic book	doctor	bicycle	bookstore
baseball	computer	farmer	boat	castle
basketball	desk	fashion designer	bus	coffee shop
cycling	garbage		car	community center
dodgeball	handkerchief	fire fighter	fire engine	
gymnastics	hat	florist	motor cycle	convenience store
rugby	Internet	hairdresser	police car	
soccer	newspaper	hero	ship	entrance
surfing	present	kindergarten teacher	spaceship	exit
swimming	rope		taxi	farm
table tennis	shoes	king	tractor	fire station
volleyball	sketchbook	librarian	train	hospital
wrestling	sofa	magician	truck	house
castanets	table	nurse	yacht	library
guitar	Teddy bear	photographer	police station	museum
piano	TV	pilot	post office	park
recorder	umbrella	police officer	restaurant	eraser

ink	apple	chocolate	Monday	fifty
notebook	banana	cookie	Tuesday	sixty
pen	carrot	curry and rice	Wednesday	seventy
pencil	cherry	egg	Thursday	eighty
pencil case	grapes	fish	Friday	ninety
ruler	lemon	French fries	Saturday	hundred
scissors	lettuce	fried chicken	one	zero
concert	mango	hamburger	two	January
drama festival	onion	honey	three	February
entrance	peach	hot dog	four	March
ceremony	pineapple	ice cream	five	April
graduation	potato	jam	six	May
marathon	strawberry	miso soup	seven	June
school trip	tomato	pie	eight	July
sports day	watermelon	pizza	nine	August
swim meet	coffee	popcorn	ten	September
arts and crafts	iced tea	pork	eleven	October
calligraphy	milk	rice	twelve	November
English	orange juice	salad	thirteen	December
home	tea	sandwich	fourteen	beach
economics	water	sausage	fifteen	fire
Japanese	bacon	soup	sixteen	flower
math	beef	spaghetti	seventeen	lake
moral	bread	steak	eighteen	moon
education	cake	spring	nineteen	mountain
music	candy	summer	twenty	nest
P.E.	cheese	fall	twenty-one	rain
science	cheeseburger	winter	thirty	rainbow
social studies	chicken	Sunday	forty	river

sea	tail	South Korea	tired	yellow
sky	Children's Day	Spain	thirsty	famous for
space	Doll Festival	Thailand	exciting	be good at
star	festival	the US	angry	
sun	fireworks	Africa	cold	**副詞**
tree	New Year's Day	this	fresh	too
boy			hot	much
girl	New Year's Eve	**形容詞**	wet	very
friend		cloudy	big, small	well
father	Star Festival	rainy	large, small	together
mother	cards	snowy	strong, weak	quick
brother	jump rope	sunny		here you are
sister	movie	cute	fast, slow	
grandfather	quiz	fine	quick, slow	**前置詞**
grandmother	tag	good	hard, soft	by
face	top	great	long, short	down
eye	unicycle	beautiful	tall, short	in
nose	yo-yo	delicious	new, old	left
teeth	Australia	fun	young, old	on
mouth	Brazil	funny	black	right
neck	China	interesting	blue	under
ear	Egypt	nice	brown	up
shoulder	France	scary	gray	
head	Germany	best	green	**その他**
hand	India	happy	orange	How about ~
leg	Italy	hungry	pink	How much
knee	Japan	kind	purple	When
toe	Kenya	sad	red	Where
wing	Russia	sleepy	white	What

after all
no
Oh
want to
Shhhh
Let's
Please
our
Children's Day
it
any
and
can
would
Mr.

2 小学校での文法項目

文法項目導入は教科書によって異なりますので、あくまでも「目安」です。

5年生	6年生
1. have, and, 月 , 1~31st, the	1. be from, Do you ~?
2. can, yes/no,	2. N/A
3. be 動詞、this, it, me, 命令、人称代名詞、too	3. 一般動詞の過去形
4. get up, at, What time, to, a, 所有代名詞 this, very, usually, on Monday	4. would, How much ~, Here you are.
5. a great zoo, in, on, 動名詞 (good at ~ing), How about ~,	5. be 動詞の過去形 , best, enjoy ~ing
6. May I ~, Wow! Really?, Great!, Please ~, Who is ~, by, under, Where, for	6. N/A
7. want to 不定詞 , Let's,	7. Me, too. When, How about ~

3 中学校での文法項目

1年生	2年生	3年生
1. be 動詞、人称代名詞、一般動詞、be 動詞疑問文、一般動詞疑問文、疑問文への返答、be 動詞の否定文、一般動詞の否定文、疑問形容詞 , and, a/an, the, 単数 / 複数	1. 副詞節（When, If）、過去進行形、May I~	1. 現在完了進行形
2. can, cannot, How many~	2. 不定詞、for~to~	2. 現在形受動態、過去形受動態
3. 指示代名詞、it, 疑問代名詞	3. There is, 動名詞、must	3. 分詞、形容詞＋不定詞
4. 一般動詞の疑問文、その答え、そ	4. 第四文型	4. 名詞節を導く接続詞
	5. 比較、疑問詞＋	5. 関係代名詞

の否定文、Which ~ A or B 5. 現在進行形、その疑問文、Whose key~ 6. 一般動詞過去形、その疑問文、その否定文 7. be 動詞の過去形、その否定文、連結動詞 8. will、その疑問文、その否定文、be going to、その疑問文、Can you~	不定詞 6. 完了形 (継続)、could 7. 完了形 (経験)	6. 仮定法過去 7. 間接疑問文、補語に（原型）不定詞をとる動詞

4 高校での文法項目

高校１年からは、メインの教科書が English Communication と Logic and Expression の二冊になります。高校２年から新たに導入される文法項目は少なく、しかも非常にマイナーですのでここでは省略します。

1年生 #1	1年生 #2
1. 不定詞、動名詞 2. 現在完了形、現在完了進行形、can, should, will, have trouble ~ing, コロン、セミコロン他 3. 関係代名詞、分詞、受動態 4. 複合関係代名詞（what）、過去完了形、過去完了進行形、間接疑問文 5. 分詞構文、It ~ that（形式主語）、同格 6. 感覚動詞（第五文型）、関係副詞、	1. 現在形、現在進行形、過去形、過去進行形、未来（will, be going to, is ~ing, 単純現在)、現在完了形（完了、結果、経験）、現在完了進行形（継続)、過去完了形、過去完了進行形 2. can, could, may, might, must, should, ought to 3. 受動態、受動態完了形、受動態進行形、助動詞を含む受動態、by 以外の受動態、SVOC の受動態

使役動詞、第五文型（補語が形容詞）
7. It seems that, seem to ~、come ~ing
8. 目的語が節
9. 受動態完了形、助動詞＋be＋過去分詞、関係代名詞非制限用法
10. 仮定法過去完了、used to/would、形式目的語 it
11. 不定詞受動態、動名詞受動態
12. 動名詞の意味上の主語、不定詞完了形
13. 分詞構文（受け身、否定、完了）、強調構文（It was ~ that）
14. 関係副詞の非制限用法、不定詞＋前置詞
15. 前置詞＋関係代名詞、無生物主語の他動詞構文（例：The song reminded me of）
16. 助動詞＋完了形、S is C (whether)
17. 仮定法現在
18. 結果の不定詞、be＋不定詞
19. 未来進行形、未来完了形、受け身の進行形
20. 独立分詞構文、倒置（例：So do I）

4. 不定詞（名詞、形容詞、副詞）、SVO＋不定詞、for ~ to 不定詞
5. 動名詞、目的語に動名詞 or 不定詞
6. 分詞(限定用法)、分詞構文
7. 比較
8. 関係代名詞、複合関係代名詞、関係代名詞（非制限）、関係副詞、関係副詞（非制限）
9. 仮定法過去、仮定法過去完了
10. 等位接続詞、従位接続詞

IV：CAN-DO リスト

1 CEFR（ヨーロッパ言語共通参照枠）：Conversation

　ちなみに、ChatGPT を使って英会話や、スピーチなどを行った後「CEFR で評価して」とリクエストすれば、いくつかの項目毎と、全体の評価を 6 段階でしてくれます。さらに、「CEFR-J で評価して」とリクエストすれば、11 段階で評価してくれます（ただし、今のところ 2024 年夏現在ではまだ評価が不安定で、ChatGPT の将来の一層の進化が待たれます）。

C2	社会的、個人的な生活でまったく問題なく適切に会話ができる。
C1	社会的な目的、感情的なやり取り、暗示、冗談などにも柔軟かつ効果的に言語を使える。
B2	多くの一般的な話題について、騒がしい環境でさえ明確に参加型で長い会話ができる。 母語話者と関係を維持でき、彼らに笑われたりイラつかせたりすることなく接することができる。 感情の程度を伝えたり、個人的な出来事や経験の重要性を強調できる。
B1	馴染みのある話題に対して、準備なしに会話に参加できる。 日常会話で自分に向けられた分かりやすい発話は追えるが、特定の単語やフレーズに対して聞き返したりすることがある。 会話や議論はできるが、自分が正確に何を言いたいのかを伝える際に、相手の理解が難しいこともある。 驚き、幸福、悲しさ、興味、無関心といった感情を表現できる。
A2	挨拶や別れの言葉、自己紹介、感謝の表現ができる。 基本的に、自分に向けられた明瞭で標準的な言葉は理解できる。繰り返しや言い換えを求めることができる。

	興味のあるトピックについて短い会話に参加できる。
	感謝など、自分の気持ちを簡単な言葉で表現できる。
	非常に短い社交的な交流は処理できるが、自分自身で会話を続けるのは難しい。
	挨拶や呼びかけの簡単な日常的な表現が使える。
	招待や提案、謝罪に対して反応や行動ができる。
	好き嫌いを言うことができる。
A1	自己紹介ができ、基本的な挨拶や別れの言葉を使える。
	人々の様子を尋ねたり、ニュースに反応できる。
	具体的なシンプルなニーズを満たすための日常表現を理解できるが、気の利く話者が明瞭でゆっくりと、繰り返し話してくれる場合に限る。

COMMON EUROPEAN FRAMEWORK OF REFERENCE FOR LANGUAGES: LEARNING, TEACHING, ASSESSMENT

2 ETS Oral Proficiency Testing Manual

レベル	内容
初級者レベル 0〜0＋	知っている限られた表現でしか会話はファンクションしない。そして、よく使う僅かな決まり文句を出ることがない。文型文法もバラエティーが限られている。つまり、会話は限られた単語やフレーズを使う範囲内である。初級者レベルの人は、語数が限られ以下のような簡単な日常的な質問に答えられる範囲である。 1. 基本的なものの名前が言える。 2. 家庭の家族関係の名前が言える。 3. 色の名前が言える。 4. 服の名前が言える。

	5. 天候に関する表現が言える。 6. 週七日の名前が言える。 7. 年十二ヶ月の名前が言える。 8. 日にちが言える。 9. 年が言える。 10. 時間が言える。 　これらの10のトピックは、オーラルインタビューで他の話題でのコミュニケーションがうまくいかない時によく使われる"10のトピック"として知られているが、初心者がこれらすべてに答えられるというわけでも、彼らが話すことのできるのはこの10のトピックに限られているという意味でもない。ただどちらかと言うと、オーラル能力の初級でどういった内容のものを話し相手に聞いたり答えたりすることができるのを示してあるにすぎない。
中級者レベル 1～1＋	1．英語をクリエイトすることができる。つまり、決まり文句に頼らないでも自分の考えを表現できる。 2．質問したり答えたりすることができる。初級者レベルであれば、1、2語での型にはまった答えであったのが、中級者レベルであればより長い英語や完全なセンテンスとなり、話し相手に質問したりより自然な表現で答えたり、コミュニケーションの目的をより明らかにさせたりすることができる。 3．少なくとも、日常生活での基本的表現であるその言語社会にあっての自然な挨拶や状況次第でのフォーマル・インフォーマルな表現方法等を知っている。 4．英語圏での旅行や短期の滞在で使うサバイバル・イングリッシュ（滞在先を探したり、食事、交通機関の利用、医療関係、道を聞いたりなど）を使うことに関してあまり問題は無い。

	5．会話は、シンプルなセンテンスやフレーズで大体今現在に関することに限られ、複文などの使用は限られている。正確さに問題があり、文型は基本的な範囲で単語数もかなり限られている。ただし、中級者は外国人とのコミュニケーションに慣れているネイティブとはかなり相手に分かりやすい会話ができる。 1＋のレベルは、上級者レベルの範囲のコミュニケーションでの堪能さを帯び始める。しかし、会話が続くとこの高いレベルを維持し続けることはできなくなってくる。
上級者レベル 2～2＋	1．上級者は、過去、現在、未来のことについて物語ったり描写ができたりする。そしてそれらは、一般に短いフレーズやセンテンスだけでなくパラグラフ単位でも話すことができる。 2．自己についての詳しいナレーションや、家や学校やオフィスでの日常会話や現在のでき事等具体的なトピックを広範囲に渡って話すことができる。 3．英語社会で生計を立てていけ、仕事上必要な日常的会話が容易にできる。何か問題があった時、例えば飛行機に乗り遅れたり、ホテルの部屋についてのクレーム、車のトラブルのような場合に状況をうまく説明できたりする。
超上級者レベル 3～5	1．よく知らないトピックやシチュエーションを扱うことができ、同意的な意見を述べたり、仮定的に述べたり、複雑なアイテムの説明をしたり、かなり正確に詳細に描写したり、あらゆる言語生活の中で母語をしゃべるように対応できる。 2．込み入った内容の会話でも、文法の間違いは有るが数は少ない。そして、その間違いによりネイティブとのコミュニケーションに障害が起こるということは稀である。

(Judith E. Liskin-Gasparro. NJ: Educational Testing Service, 1982)

スピーキングスキルの習得時間の目安

レベル	最難外国語の習得時間	レベル	難しい外国語の習得時間
1	480時間	1	480時間
1+	720時間	2	720時間
2	1320時間	2+	1320時間
3	2400〜2760時間		
レベル	やさしい外国語の習得時間	レベル	最易外国語の習得時間
1/1+	480時間	1/1+	240時間
2	720時間	2	480時間
2+/3	1320時間	2+	720時間

※0：初級、1：中級、2：上級、3：超上級

参考文献

村上春樹、『やがて哀しき外国語』、講談社、1994、p.171

文部科学省、『中学校学習指導要領(平成29年告示)解説外国語編』、開隆堂出版、2021、p22-26、p61-66

文部科学省、『高等学校学習指導要領(平成30年告示)解説外国語編　英語編』、開隆堂出版、2022

Eleanor Harz Jorden with Mari Noda,『Japanese: The Spoken Language Part 1. 2. 3』,Yale University Press,1987

Eleanor Harz Jorden and Mari Noda,『Japanese: The Written Language Part 1, 2』,Cheng Tsui Company,1994

Eleanor Hart Jorden and others,『A framework for Introductory Japanese Language Curricula in American High Schools and Colleges』The National Foreign Language Center,1993,p.8, 9

荒木一雄、安井稔編、『Sanseido's New Dictionary of English Grammar』、三省堂、1992、p.645

米原幸大、『完全マスター英文法』、語研、2009、p.65-69

米原幸大、『スピーキングのための英文法』、河合出版、2018、p.30-35

米原幸大、『完全マスターナチュラル英会話教本』、語研、2010、p.223-224

米原幸大、『英会話のための基本英文法完全マスター』IBC,2024

『New Horizon English Course 1』、東京書籍、2021、p.13

『Sunshine 1』、開隆堂、2022、p.158

『New Crown 1』、三省堂、2023、p.25

『New Crown 2』、三省堂、2021、付録5

『Middle School English 1』、Visang、2020、p.16

『New Treasure Stage 1』、Z会、2021

『New Treasure Stage 1 文法問題』、Z会、2024

『2030バイリンガル政策全体推進プログラム』、国家発展委員会教育部、2021、p.6-7

青谷正妥、『英語学習論　スピーキングと総合力』、朝倉書店、2012、p.122-127

日向清人、『即戦力がつく英文法』、DHC、2014、p.25

坂本ナンシー、直塚玲子『Polite Fiction』金星堂、1998、p.24

■著者紹介

米原幸大（よねはら　こうだい）

　セントラルミズーリ大学英語教授法修士、サウスカロライナ大学言語学博士中退、コーネル大学客員講師、「ジョーデンメソッド援用法推進」主宰（http://ivyleague-english.com）、著書に『米国の日本語教育に学ぶ新英語教育』（大学教育出版）、『完全マスター英文法』（語研）、『完全マスターナチュラル英会話教本』（語研）、『TOEFLテスト完全対策＆模試』（ジャパンタイムズ）、『Jアプローチ』（IBCパブリッシング）、『スピーキングのための英文法』（河合出版）、『英会話のための基本英文法完全マスター』（IBCパブリッシング）などがある。

ジョーデンメソッドによる英語教育 with ChatGPT

2024年12月28日　初版第1刷発行

■著　者──米原幸大
■発行者──佐藤　守
■発行所──株式会社 大学教育出版
　　　　　〒700-0853　岡山市南区西市855-4
　　　　　電話（086）244-1268（代）　FAX（086）246-0294
■DTP──宮崎　博（Pneuma Ltd）
■印刷製本──サンコー印刷(株)

© Kodai Yonehara 2024　Printed in Japan

検印省略　　落丁・乱丁本はお取り替えいたします。
本書のコピー・スキャン・デジタル化等の無断複製は著作権法上での例外を除き禁じられています。本書を代行業者等の第三者に依頼してスキャンやデジタル化することは、たとえ個人や家庭内での利用でも著作権法違反です。
ISBN978-4-86692-338-3